中国书籍学术之光文库

宋代目录编制及其学术成就研究

王黎萍 | 著

中国书籍出版社
China Book Press

图书在版编目（CIP）数据

宋代目录编制及其学术成就研究/王黎萍著 . —北京：中国书籍出版社，2020. 11

ISBN 978 - 7 - 5068 - 8140 - 1

Ⅰ. ①宋…　Ⅱ. ①王…　Ⅲ. ①古籍—图书编目—研究—中国—宋代　Ⅳ. ①G255. 1

中国版本图书馆 CIP 数据核字（2020）第 230234 号

宋代目录编制及其学术成就研究

王黎萍　著

责任编辑　杨铠瑞
责任印制　孙马飞　马　芝
封面设计　中联华文
出版发行　中国书籍出版社
地　　址　北京市丰台区三路居路 97 号（邮编：100073）
电　　话　（010）52257143（总编室）　（010）52257140（发行部）
电子邮箱　eo@ chinabp. com. cn
经　　销　全国新华书店
印　　刷　三河市华东印刷有限公司
开　　本　710 毫米 ×1000 毫米　1/16
字　　数　156 千字
印　　张　14
版　　次　2020 年 11 月第 1 版　2020 年 11 月第 1 次印刷
书　　号　ISBN 978 - 7 - 5068 - 8140 - 1
定　　价　89. 00 元

前　言

我国目录学历史悠久，源远流长。“目录之书”同时也是“学术之史”。一般认为，古典目录学始于汉代刘向、刘歆父子因整理宫廷藏书《别录》和《七略》。古典目录学的发展经历了春秋至两汉的萌芽时期、魏晋至宋元的发展时期以及明清的鼎盛时期，其间产生出许多流芳百世的目录学著作，这是一代又一代杰出的目录学家，既继承前人成就，又根据时代要求勇于创新的结果。

时至宋代，这种继承与创新表现得尤为突出，其目录学发展以“辨章学术、考镜源流 ”之功倍受学术界重视，目录工作活动领域不断扩大，出现了更多、更新的书目类型，质量也有很大提高，特别是目录学理论研究进入了一个明显的飞跃阶段，对后世影响深远，起到了承上启下的作用。宋代目录学成就之大，不仅远远超乎汉唐以来千余年之上，而且自元明两朝直至清初400年间，也可谓独领风骚。

古典目录学是传统文化的重要组成部分，研究它对于传承传统文化有着重要的现实意义。

在目录学史的研发过程中，进行宋代的断代探究，必要性是十分显著的。宋代书目编撰方法及目录理论，对于我们现在的图书分编、古籍辑佚整理等工作有着很好的参考价值和指导作用。

随着宋代书目著作问世和目录学理论传播日渐深入，对宋代目录学研究体现的方面主要有：一是元明清学者在宋代书目著作收录与体例传承上，进行了新的书目编撰，如元脱脱《宋史·艺文志》、明焦竑《国史经籍志》、清纪昀《四库全书总目》等；二是明清学者对宋代目录学理论进行了初步研究，多为评价、继承郑樵的目录学思想，提出自己的见解，如明胡应麟《经籍会通》、清章学诚《校雠通义》等；三是20世纪以来，在研究中国目录学的专著中，对宋代目录学的阐述基本是个别章节，仅做粗线条的总结和描述；四是建国后所发表的一系列目录学学术论文，多是面向一两个著名目录学家和几部著名书目著作进行研究，如针对郑樵目录学思想的研究论文就达百余篇之多。

进行宋代的断代研究，对于发展目录学史意义重大。本书以目录学古今文献和宋代相关书目为基础，特别是学习参考了王重民先生的著作，借鉴了来新夏、陈秉才、高路明、王锦民等老师的成说，采用历史与逻辑的方法，对宋代目录学进行梳理分析，试图从整体上对宋代目录学进行多个角度研究，详细阐述与全面总结宋代目录学发展所取得的成就。行文中，对有争议的观点进行了认真的考证，提出了自己一些粗浅的认识和见解，衷心盼望得到专家、学者的指正，在求学治学的道路上更进一步。

王黎萍

目 录

CONTENTS

第一章

目录学概说

目录学就是目录工作实践经验的概括和总结。我国目录学历史悠久，源远流长，我国历代目录学家和书目工作者创造了丰富成果，积累了丰富的书目文献，形成优良的目录学传统。

书目好像地图、海图、导航图，是书目工作者在书海中检索文献、为读者服务的指南针。目录学家姚名达在其所著的《目录学》一书中写道："目录是开放人类知识结晶的钥匙，假设没有钥匙，吾人就不容易得其门而入。"

目录工作是人类社会发展到一定阶段的产物。社会的不断进步，文化和科学技术的飞速发展，都直接促使文献内容的变化和数量的增加。文献数量的急剧增加，一方面能够为国家提供大量的文献，另一方面也给广大读者及其各领域的研究者迅速准确地获得所需要的文献带来一定的困难，这就是一个现实的矛盾。目录工作及目录学研究，就是为了解决人类巨大的文献与人们对它的特定需要之间的矛盾而产生和发展起来的，正是通过查询、著录、部次、评介、揭示与报道文献和解答咨询等全部活动，将有关文献的情报及时地传递给读者，力求使得知识宝库中的每一件文献，能够得到充分的利用。

第一节 目录与目录学

书目工作是为了要在图书的汪洋大海中，迅速而准确地满足读者获得有用文献的需要，也就是解决读者寻求文献这个矛盾的学问，就是日录学。目录学的研究对象是书目工作。它的内容，首先是认识文献、熟悉文献，对文献加以分类、编目、提要，向读者揭示文献、报道文献、推荐文献。

一、“目”“录”和目录

目录是“目”和“录”的合称。

“目”是指篇名或书名。篇名也称细名或小名；书名也称总名或大名。

“录”是对“目”的说明和编次，也称序录或书录。它可以作为包括目在内的简称。

把一批篇名（或书名）与说明编次在一起就是目录。目录一词最早见于《七略》所说：“《尚书》有青丝编目录。”① 这是指《尚书》一书的目录而言；西汉刘向校书时的“条其篇目”“录而奏

① 《昭明文选》卷三八任彦昇《为范始兴作求立太宰碑表》注引《七略》语

之"① 和"别集众录，谓之《别录》"②。这是指从编次一书目录到群书目录的全过程。它所谓的录就是包括目在内的简称。而在《汉书·叙传》中所说"爰著目录，略述洪烈，述艺文志第十"一语中的"目录"则是专指群书目录而言。

二、一书目录和群书目录

目录有一书的目录和群书的目录。

一书目录是指把一本书的篇名和说明加以编排、汇集。它比群书目录出现得早。所以，首先应该了解各篇篇名和说明是如何出现的。

古人著书写文章，并不是先立篇目，后写内容，而只是把个人的思想见解发挥成篇就算了。同时，由于简策的书写制度，图书多是单篇流传，所以有无篇目关系不大。但是，渐渐由于要称呼某一篇文章，或者准备把许多篇合为一书而需要有各篇名称时，于是就有了篇名。篇名的出现有两种情况。

一种是对记事和表达思想的篇什所加的篇名，如《尚书》的《洪范》《禹贡》等，可能是整理者根据整篇内容而加的。战国时的诸子书往往为了宣传自己的主张而对自己的著作内容加上能概括全篇要旨的篇名，如荀子的《劝学》、墨子的《兼爱》等等。这种篇名就是目，它本身已反映了篇的内容，实际上包含了录的意义。所以，它可以被认作是一篇的目录。

---

① 《汉书·艺文志》
② 《七录》序（《广弘明集》卷三）

另一种是后人为了便于称呼，从篇首截取二、三字作篇名的，如《诗·魏风》的《伐檀》篇就是从该诗首句“坎坎伐檀兮”中截取来的；有的甚至还截取了破句，如《论语》的《学而》篇就是从第一章首句“学而时习之”中破取出来的。这种“目”很难使人了解篇意。于是，后人有必要在篇名下做一简要的说明，如“伐檀·刺贪也。在位贪鄙，无功而受禄，君子不得进士尔。”前二字类似“目”，后四句类似“录”，合起来就起到了这一篇诗的目录作用。这种诗序也可以说就是目录的雏形，或者说是萌芽时期的目录。

把有关的各篇目录汇集在一起就是一书的目录。最早的一书目录是《周易·十翼》中的《序卦传》。它编次汇总了六十四卦的卦名。清代学者卢文弨曾说：“吾以为《易》之《序卦传》，非即六十四卦之目录欤？史汉诸序，殆昉于此。”①

近代目录学家余嘉锡先生也赞成此说，认为“目录之作，莫古于斯矣”②，其他如把《诗》三百余篇的小序合起来就是《诗》的一书目录。《吕氏春秋·序意》和《淮南子·要略》等也都具有一书目录的性质，而体制完整便用的当推史汉的一书目录。

《史记·太史公自序》的小序就是一篇完整的《史记》目录。《太史公自序》是由大序和小序两大部分组成的。大序是自述——说明家世、学历、仕历、学术观点、编纂旨趣和体例等等；小序则是依次写了每一篇的篇名和要旨，也就是目录。它是读《史记》全书的锁钥。这里举出一条来加以说明，如：

“秦失其道，豪杰并扰；项梁业之，子羽接之；杀庆（庆通卿，

---

① （清）卢文弨：《钟山札记》卷四

② 余嘉锡：《目录学发微》七《目录学源流考》上

指卿子将军宋义）救赵（指秦汉之际赵歇称王的赵，当时秦章邯围赵于巨鹿，诸侯救援，宋义采取旁观态度，项羽杀宋义夺取兵权而救赵），诸侯立之；诛婴（秦孺子婴）背怀（楚怀王），天下非之。作《项羽本纪》第七。”

这是一条很出色的一篇目录。前八句是“录”。它概括了全篇文章的要旨：既叙述了项羽的主要业绩，又评论了项羽的功过是非。同时，作者撰传的意旨也表达出来了。最后一句是“目”，确定了篇名和编次。把这样的一百三十条篇目集合排次在一起，就成为《史记》的一书目录。

班固《汉书》的《叙传》下篇也是仿此体例而写，成为《汉书》的一书目录。

史汉的这个一书目录编列在全书之末，而现在传本中书前面的书目，只有篇名而无叙录，即只有目而无录，乃是唐初以来由后人所加以备翻检的。清代学者卢文弨在《钟山札记》卷四中做了详尽的说明：

“《史记》，《汉书》书前之有目录，自有版本以来即有之，为便于检阅耳。然于二书之本旨，所失多矣。夫《太史公自序》即《史记》之目录也；班固之叙传，即《汉书》之目录也。乃后人以其艰于寻求，而复为之条例以系其首，后人又误认书前之目录即以为作者所自定，致有据之妄訾謷本书者。”

《史记》书前的目录，据《隋书经籍志》史部正史类著录“《史记》目录一卷”的情况看，可能在唐初已经增入了。正史中自写目录置于卷首是从范晔的《后汉书》开始。后来的各史，除梁、陈二书是后来所加外，都是自列的。

一书的目录，对于检读一本书很方便有用，但要了解某类典籍有哪些书，某些书的大致情况如何以及怎样找到自己所需要的书等等问题，就必须求助于群书的目录。

群书的目录是指诸书书名和叙录的总聚而言。群书目录正是目录学研究的主要对象之一。最早的群书目录是汉武帝时杨仆奉命整理兵书而编制的《兵录》①。

三、群书目录的产生

群书目录的产生，是在我国图书事业的兴起、发展和图书数量增加的前提下，由于政治上的需要而促成的。

我国最早的专科性图书目录《兵录》在汉武帝时的出现，绝非偶然。当时，经过汉初几十年的恢复、转定，政权比较稳固，有余力、有必要从事一些文化建设来加强思想统治，于是便在“罢黜百家，独尊儒术”的总口号下，以“书缺简脱，礼坏乐崩”为理由在政府主持下开展求书运动，并制定了相应的政策：“建藏书之策，置写书之官，下及诸子传说，皆充秘府。”② 图书大量增加，达到了“积如丘山”③ 的程度。这就为群书目录的产生提供了先决条件。而汉武帝为使全国更加统一和扩大，以实现封建帝国的大一统，便连年对四方用兵，从而很需要军事参考资料；但丘山般的简书实在无法检索，所以就命“军政杨仆捃摭遗逸，纪奏《兵录》”④。《兵录》

① 《汉书·艺文志》兵书小序
② 《汉书·艺文志》序
③ 《太平御览》卷六一九引《七略》
④ 《汉书·艺文志》兵书小序

虽是一部不完备的专科目录，而且已久佚，但它终究是最早出现的一部群书目录。

群书目录的产生和发展，还和我国的书写制度有关。

我国最早的图书——简策是以竹木作书写材料的。后来，缣帛和纸又相继被使用。根据文献记载和出土文物，大约从殷商①至公元三四世纪是使用竹木简牍期。从春秋战国以来至五六世纪先是缣帛后是简牍后和纸并用时期②，从东汉以后纸就逐渐成为主要的书写材料。

简的材料是经过一定程序炮制的竹子，即先将竹截成一定长度，再剖成一定宽度，成为一根根的简，再经过火烤脱水（这种技术处理称为“杀青”或“汗青”）来防朽蠹，然后就成为可以写字的书写材料。每条简长的有二尺四寸左右，用来写重要书籍如儒家经书和政府法令等，以示尊敬；短的有八九寸，用来写次要书籍如诸子书等，以便翻阅。王充在《论衡》中所说“大者为经，小者为传记”，就指此事。每简的字数不一，少者二字，多者达百余字③，一般在几十字。汉简上的字比较多，从现存实物看，汉简有一面写，还有二面写的，每简写一至二行，也有上半大字一行，下半小字四行的，字体在楷隶之间。1972 年山东临沂银雀山发掘到的汉简，一号墓的竹简大多是兵书（其中有久已失传的《孙膑兵法》即《齐孙子》），整简每枚长 27. 6 厘米（八九寸），宽 0. 5 ~0. 9 厘米，厚 0. 1

---

① 《尚书·多士》篇周公对殷贵族说：“惟殷先人，有册有典。”

② 《韩非子》：“先王寄理于竹帛”；《墨子》：“书之竹帛，镂之金石，传遗后世子孙。”《晏子春秋》记齐景公对晏子说：“昔吾先君桓公予管仲，孤与谷，其县十七，著之竹帛，申之以等。”这些记载可证用帛起于春秋战国，竹帛并称说明二者并用。

③ 马王堆汉墓中的“遣策”简上最少的只写两个字。武威出土的《仪礼》简上有多至一百二十三个字的。

~0.2 厘米，可见诸子书是用短简。二号墓出土竹简《汉武帝元光元年历谱》共32枚，基本完整，每枚长69厘米（二尺一二寸），宽1厘米，厚0.2厘米，可能因为这是由国家颁布的正式历书，所以用长简。简上的字是墨写隶书。一个文件或一篇文章往往需要有许多简，把若干简用麻绳、丝绳或者牛皮绳（韦）编在一起，连二三道，多者有五道，就成为册，甲骨文中的“册”便是册的象形字。这连简以末简为中轴，从左向右卷成一卷来保存，这就是一卷书。

用木片做书写材料的称“牍”，它主要用来写信，长度是汉尺一尺，所以后世称信札为“尺赎”。在外面加上一块空白的“牍”称为“检”，当作信封，用绳捆好，在检上签上名字叫“署”。在检的中间有一块微凹的方块叫“函”，所以后世也称信件为“函”。捆绳在“函”处打结，用泥封上，加盖印章，以免别人拆阅，这叫作“封”也称“泥封”，这块盖了印章的泥封叫作“封泥”（清人吴式芬有《封泥考略》一书）所以后世就以“封”作为信件的计量单位。如果是方形木板就称为“方”，一般用来写不到百字的文章。用来画图的称为“版”，民间为标明土地所有权，用“版”来画土地的四至。国家用“版”来画疆域，所以后世称领土为“版图”。版也用来登记户口，称为“户版”，所以户口册也称“版籍”①。

简牍比较笨重，使用不便，而缣帛比较轻便易用，所以稍晚于简牍，缣帛就成为一种新起的书写材料与简牍相辅使用。

帛一般一丈二尺为一卷，舒卷较易；但终因丝织品比竹木价昂，所以一直未能取代简牍而成为主要书写材料。直到东晋之末，桓玄

---

① 参阅王国维：《简牍检署考》（罗振玉《流沙坠简》）

在一道命令中才正式宣布以纸来代替竹木简牍①。后来纸就成为主要书写材料，相沿至今。从笨重的竹、木简到轻便的帛、纸的这种发展变化，的确是书写制度上的一大进步，但在检索使用方面，仍有很大困难。有些卷书虽然在外端有标上书名、篇名的小笺②，可以减去舒卷的麻烦，但要检索大量藏书卷，从中寻求所需的书，还是不便，于是需要用书本形式把藏书名笺的内容登录下来，这就使得群书目录不断产生和发展。

杨仆的《兵录》是最早一部专科性的群书目录。但是除了《汉书艺文志》和《太平御览》中几乎相似的几句话以外，没有更多的文献资料可使我们对《兵录》有更多的具体了解，从而也难以进行论述。根据现有资料，对图书进行一次有领导的、大规模的、较全面的整理和编制群书目录工作的仍应以汉成帝时刘向等所领导的校书运动为最早。刘向等经过二十年左右的辛勤工作，创立了一整套编制群书目录的程序，即“条其篇目，撮其旨意，录而奏之”③，并集合各篇书录撰成了综合性群书目录的开创性著作《别录》。刘向的儿子刘歆又继承父业，在《别录》的基础上，以较快的速度撰成了一部比较正规的综合性目录《七略》。这两部书具有很高的学术水平，可惜原书久佚，仅有清人的辑本。所幸班固把《七略》“今删其要以备篇籍”④，改写成《艺文志》列入了《汉书》成为现存最早的一部综合性群书目录，使后人可以略窥《七略》之遗，而《艺文

---

① 《初学记》卷二一引《桓玄伪事》记桓玄于东晋末曾下令说：“古无纸，故用简，非主于敬也。今诸用简者，皆以黄纸代之。”

② 旧例小题在上，大题在下，即篇名在上，书名在下。后来的线装书中还有沿用此例的。

③ 《汉书·艺文志》序

④ 《汉书·艺文志》序

志》的体裁又开创了史志目录的新体裁，树立了群书目录的一个新类别。

这种群书目录比一书目录仅便检阅一书的功效要大得多。它对求书、读书、治学和研究都起着一定的辅助作用。

自刘向、班固以后，群书目录的编纂工作历代相延不断，成为我国图书事业中一项有悠久历史传统的工作。

四、目录学的兴起与发展

《别录》是综合性群书目录的开创著作，《七略》是比较正规的综合性群书目录，《汉书艺文志》则是现存最早一部完整的群书目录。但是，它们的撰者——刘向父子和班固并不只局限于登录图书，编制书目，而是进行了大量的学术研究工作。现从残存的几篇书录和《汉书》的内容来考察，他们以广搜异本，校雠异同来确立定本，以勘定篇次，分类立目来分析和辨明学术流派、评论图书，以撰写书录来表达学术观点，指导后学以门径。他们把单纯的编目工作提高到了学术研究的高度，使编制群书目录的过程成为建立学科的过程，为后学创建了规制。因此，我国古典目录学是伴随着这几部著名的群书目录的撰著而兴起的。这些著作为我国古典目录学奠定了第一块基础石。

魏晋以来，目录学依然在刘向的规制之下向前发展，如吴国孙休即位后即任命韦曜（昭）“依刘向故事，校定众书”①。西晋的目录学家荀勖主持了一次与刘向校书规模相似的校书运动，也仍是

① 《三国志·吴书》卷二〇《韦曜传》

"依刘向别录，整理记籍"①。群书目录也随之日益增多与完备。《七录》之立《簿录部》，《隋书经籍志》史部之立《簿录》类，《旧唐志》史部的立《目录》类，都反映了群书目录发展增多的情况。

虽然，从刘向以来已在事实上进行着目录学的工作，但是，目录学作为一门专门学提出来却是较晚的事情。

宋人苏象先为述其祖父苏颂遗训遗事的《苏魏公谭训》卷四中有"目录之学"的说法，《谭训》中说，"祖父谒王原叔，因论政事。仲至侍侧，原叔令检书史，指之曰：此儿有目录之学"②。

这段话中的"祖父"指苏颂，王原叔是宋初王洙的字（太宗至道三年生，仁宗嘉祐二年卒，公元997—1057），仲至是王洙子王钦臣的字。可见目录学作为一个学科的专词当始于北宋初年。

宋代目录学工作是有显著成绩的，它不仅表现在出现一些著名的官私目录，而且还开展了目录学理论的研究工作。郑樵虽然不承认目录学的名称，但他所撰《通志·校雠略》应说是目录学理论研究的名著。元、明二代，继续有所发展，而到清代，目录学几乎成为一时的"显学"，许多著名学者无不涉其藩篱，有关著作和群书目录大量问世，甚至有些学者以毕生精力致力于此。若干与目录学有关的学科如版本、校勘、考证等学也都蔚为专学，使目录学呈现出空前的昌盛景象。

虽然如此，但从宋以来，有些学者却仍认为目录只是记撰人、分篇帙、识书名、别版本而已，不能单独成学，并认为应称校雠学，而将目录学包括在内。宋代学者郑樵撰《通志》，立《校雠略》论

---

① 《晋书》卷三九《荀勖传》

② 《苏魏公谭训》共十卷，有清道光刊本

图书搜求、整理、编目等事，但不取目录之名以明个人旨趣；清初学者全祖望在所撰《丛书楼书目序》中力贬目录学的地位说：

今世有所谓书目之学者矣，记其撰人之时代，分帙之簿翻，以资口给。即其有得于此者，亦不过以为捋撦獭祭之用。①

乾嘉时学者章学诚则标举校雠学以否定目录学的存在。他说：

校雠之学，自刘氏父子，渊源流别，最为推见古人大体，而校订字句则其小焉者也。绝学不传，千载而后，郑樵始有窥见，特著校雠之略而未尽其奥，人亦无由知之。世之论校雠者，惟争辨于行墨字句之间，不复知有渊源流别矣。近人不得其说，而于古书有篇卷参差，叙例同异当考辨者，乃谓古人别有目录之学，真属诧闻。②

清季学者朱一新也认为目录无需作为专门之学，他说：

目录校雠之学所以可贵，非专以审订文字异同为校雠也。……世徒以审订文字为校雠，而校雠之途隘；以甲乙簿为目录而目录之学转为无用。多识书名，辨别版本，一书估优为之，何待学者乎?③

近人张舜徽氏承郑、章诸说又加以发挥。他主张用校雠大名可统目录小名，而不采取目录学的专名。他说：

夫目录既由校雠而来，则称举大名，自足统其小号。自向、歆父子而后，惟郑樵、章学诚深通斯旨，故郑氏为书以明群籍

① （清）全祖望:《鲒埼亭集》卷三二

② （清）章学诚:《章氏遗书》外篇卷一《信摭》.

③ （清）朱一新:《无邪堂答问》卷二

类例，章氏为书以辨学术流别，但以校雠标目，而不取目录立名，最为能见其大。①

他更进而申言目录不能自立为学，而应并立目录、版本、校勘之学以共统于校雠学之下。他说：

近世学者于审定书籍，约分三途奉正史艺文、经籍志及私家簿录数部，号为目录之学；强记宋元行格，断断于刻印早晚，号为版本之学；罗致副本，汲汲于考订文字异同，号为校勘之学。然揆之古初，实不然也。盖三者俱校雠之事，必相辅为用，其效始著，否则析之愈精，逃之愈巧，亦无贵乎斯役矣。②

他又说：

“目录、版本、校勘皆校雠家事也。……后世为流略之学者，多不识校雠而好言目录，此大谬也。稽之古初，因校书而叙目录，自刘略、荀簿、王志，阮录，靡不皆然。盖举其学斯为校雠，论其书则曰目录，二者相因犹训诂之与传注。训话者，其学也；传注者，其书也。目录而可自立为学，将传注笺解义疏之流亦可别自为学乎？③

郑、章以来各说，虽各有所见，但是，这些说法都是先由自己对目录学赋予一不完整的概念，然后再由自己加以驳论。这一点似乎不足以服人。近代目录学家余嘉锡先生就从正名的角度表示了异议，指出了郑、章、朱等人概念上的不确切。他说：

① 张舜徽：《广校雠略》卷一《校雠名义及封域论·论目录学名义之非》.
② 张舜徽：《广校雠略》卷一《校雠名义及封域论·论目录版本校勘皆校雠之事》
③ 张舜徽：《广校雠略》卷一《校雠名义及封域论·论目录版本校勘皆校雠之事》

据《风俗通》引刘向《别录》，释校雠之义，言校其上下得谬误为校，则校雠正是审订文字。渔仲（郑樵）、实斋（章学诚）著书论目录之学，而目为校雠，命名已误。朱氏之说非也。特目录不专是校雠、版本耳！①

余先生之说颇得刘向原意。因此目录学自可独立成学，固无需代以校雠学之名。其理由是：

（1）所谓“校雠”，刘向《别录》早有明确解释说：

一人读书，校其上下，得其谬误为校；一人持本，一人读书，若怨家相对为雠。②

这段解释说明校雠就是指校勘文字篇卷的错误。它是刘向整理图书工作的一道工序，不能表明全过程。郑、章诸人弃刘向解释的原意，强引校雠之名，然后自赋新义，复借以废目录学之名。

（2）郑、章、朱等人不从目录学实际考察，强以己意赋予目录学以特定界说。他们认为目录学是“书目之学”，只不过是“记其撰人之年代，分帙之簿翻”，“多识书名，辨别版本”而已，不细察目录包括哪些具体内容和经过哪些程序撰成。如果目录学诚如诸人所赋界说，那实在可以不称为目录学。实际上，刘向早已经把目录学的含义作了概括说明，那就是“条其篇目，撮其指意，录而奏之”，然后“别集众录”而成书。那就是说，全部工作要经过整理篇次，校正文字，辨明学术，介绍梗概，撰写书录，最后把全过程的成果集中反映为目录。其全部工作过程既用目录之名来概括，那

① 余嘉锡．《目录学发微·目录学之意义及其功用》

② 《昭明文选·魏都赋》注；《太平御览》卷六一八“读书”作“读析”

么，对所以达成最后成果的各个研究环节总称之为目录学又有何不可呢？

（3）张舜徽氏认为“举其学斯为校雠，论其书则曰目录”，所以主张称校雠学而不称目录学。这也是难以同意的，因为“书”，毫无疑义地是全部治学活动的文字总结，既然承认集中反映全过程的书能称“目录”，那么为完成目录书而展开的全部治学活动为什么又不能称为目录学呢？

因此，目录学不特其名足以成立，即其学也实有可资研究而应成为独立的专门学科。

古典目录学是目录学的一部分，它的时间断限是从目录事业兴起的西汉开始，直至近代图书目录学的兴起。它的历程大体上和中国封建社会相终始。因此，中国封建社会的目录事业、目录工作和目录学研究状况便成为古典目录学的主要研究对象，至于近现代以来目录事业新的发展变化，目录工作的革新和目录学基本知识在现实编目工作中的应用诸问题在本书中就不多加涉及了。

中国封建社会的目录工作，大部分与历代的校书运动和官修制度相联系，因此，古典目录学有必要探讨和论述历朝有关校书的措施和所兴办的某些事业。

中国封建社会的目录工作，有着悠久的发展历史，创造和积累了一些经验，纂著了大量的目录书和目录学著作，不断出现一些在目录工作和目录学研究方面做出贡献的目录学家。因此，简述它的历史发展，介绍著名目录学家和目录学名著，概括和总结其经验也是古典目录学应加探讨和研究的主要内容之一。

中国封建社会的目录工作，从一开始就不是单纯技术性的图书登录工作，而是从学术研究的角度着眼，这种传统一直延续下来，即以编制群书目录而言，它有着一整套的工作程序——从广搜异本、比勘同异、考定是非、类次归属、撰写书录到编制目录。这套程序必然牵涉若干相关学科，如版本，校勘，分类，考证等等。这些相关学科虽然随着时代和本身的发展而将逐渐成为独立的专门之学，但在古典目录学中，它们却是不可缺少的相关部分，因此也有必要对这些相关学科的源流、发展、基本方法和经验加以概括论述。

总之，古典目录学既要对我国古代文化史上这一重要领域的历史传统和成就加以概括综述，也要提供足资现代目录工作和目录学研究等方面参考的经验，把我国的目录事业推向前进。

第二节　古典目录书的类别

古典目录书，从西汉杨仆和刘氏父子编撰《兵录》《别录》和《七略》以来，随着图书量的增加和目录事业的发展，历代相继又有所纂著，积有一定的数量。根据汪辟疆《目录学研究》一书的统计，从汉魏时起至明末止，计官书目录有 60 种，私家目录有 77 种，史家目录有 14 种，共 151 种。这个数字只能说是近似的约计。因为他没有把释家目录、金石目录和地方目录等等都计算在内，而如宋人高似孙所撰的《子略》等也未见收。近人孙殿起的《贩书偶记》的正续编中著录了清以来的目录书有 155 种。姑且综计汪、孙二氏的约计已有三百种，而实际数量当不止此。

这些目录书，究竟如何区分其类别呢？清人汤纪尚在《周郑堂别传》中曾分为三类说：

> 目录之书，权舆中垒（刘向曾官中垒校尉，意即始于刘向《别录》）。流派有三：曰朝廷官簿、曰私家解题、曰史家著录。①

这是按纂集工作的体制来区分的。所谓朝廷官簿指由国家主持，对国家藏书加以整理并编制成目的目录书而言，也可以称为国家图书目录或官修目录；所谓私家解题是指私人藏书家或学者对私藏按不同情况，用不同方法而编制的目录书而言。这是目录书中包含最丰富，体例最多样的一类目录书。所谓史氏著录主要是指正史中的艺文志或经籍志而言，它有的是官修，有的是私编，但是由于正史自成体系，正史中这类目录，有的原有，有的原缺也已由后人做了补志，基本上构成一个上下通贯的整体，所以应该独成一类，另外再加入国史目录和专史目录可以统名为史志目录。至于索引和类书，往往不被列为目录书，但我认为索引是一种篇目和资料的目录，而类书从指引资料来源角度看也具有资料目录的性质和作用。因此在最后单列一《附说》来加以说明。

一、国家图书目录

国家图书目录，一称官修目录，是由政府主持对国家藏书进行整理后所编制的一种目录。我国从西汉开始，几乎每个朝代都有在政府主持下进行规模较大的图书整理工作，这在文献记载上称为

---

①（清）汤纪尚：《槃薖文乙集》下

"校书"，最后用文字记录下来的整理成果就是国家图书目录。汉武帝时杨仆奉命"纪奏《兵录》"，汉成帝时刘向父子编撰的《别录》和《七略》就是这类目录书的开创性著作。其后各个朝代都编有这类目录，主要如：

（1）魏《中经》，魏郑默撰，已佚。

（2）晋《中经新簿》，西晋荀勖撰，已佚。

（3）晋《元帝四部书目》，东晋李充撰，已佚。

（4）宋《元嘉八年四部目录》，旧题宋谢灵运撰，已佚。（此目应作殷淳撰）

（5）宋《元徽四年四部书目录》，宋王俭撰，已佚。

（6）齐《永朋元年四部目录》，齐王亮、谢驰撰，已佚。

（7）梁《文德殿四部目录》，梁刘孝标撰，已佚。

（8）隋《开皇四年四部目录》，隋牛弘撰，已佚。

（9）隋《大业正御书目录》，隋柳晋撰，已佚。

（10）唐《群书四录》，唐殷践猷撰，已佚。

（11）唐《古今书录》，唐毋煚撰，已佚。

（12）宋《崇文总目》，宋王尧臣撰，已佚。清钱东垣等有：《辑释》五卷，《补遗》一卷。

（13）宋《中兴馆阁书目》，宋陈骙撰，已佚。现有赵士炜的《中兴馆阁书目辑考》5卷。

（14）宋《中兴馆阁续书目》，宋张攀撰，已佚。现有赵士炜的《中兴馆阁续书目辑考》一卷。

（15）明《文渊阁书目》，明杨士奇撰，今存。

（16）清《四库全书总目》、清纪昀撰，今存。

（17）清《天禄琳琅书目》正续，敕撰，今存。

《四库全书总目》是这类目录书中最出色的代表作。

《总目》是清乾隆三十七年至四十七年间纂集《四库全书》时的相连产物。全书200卷。在目录书中除了唐《群书四录》有200卷外，别无他书，而《群书四录》久佚，难得其详，所以《四库全书总目》可以说是古典目录书中篇帙最大的现存的唯一巨著。全目共著录古籍3461种，79309卷，存目6793种，93551卷，有401部无卷数，比唐《古今书录》著录的82384卷增加了一倍多。它有总序、小序和提要。提要不仅“叙作者之爵里、详典籍之源流”，而且还“旁通曲证”“剖析条流”“辨章学术”①，可以说是一部体例比较完备，内容比较丰富和具有一定学术价值的目录书。它不仅是国家目录中的代表作，而且也是对十八世纪以前的学术进行一次总结的学术性著作。

《总目》篇帙过大，所以又简编了《四库全书简明目录》，有20卷，无总序和小序。有些子目附入简按，颇便翻检。鲁迅曾介绍它是“现有的较好的书籍之批评”。同时，又指出要注意这些批评是“钦定”的（即由皇帝所批准），这是对《简目》的全面评价②。

二、史志目录

这是指正史中的《艺文志》《经籍志》和有些朝代的《国史经籍志》一类目录书以及某些政书中的目录书而言。它大多依靠官修

① 余嘉锡：《四库提要辩证》序录

② 许寿裳：《亡友鲁迅印象记》二三《和我的友谊》

目录和私家目录而撰成。二十四史中就有六部这样的目录书：

①《汉书艺文志》

②《隋书经籍志》

③《旧唐书经籍志》

④《新唐书艺文志》

⑤《宋史艺文志》

⑥《明史艺文志》

另外，宋朝的制度在编撰国史时也根据馆阁藏书书目编《艺文志》，按所包朝代命名。北宋从太祖至钦宗分编为三朝、两朝、四朝等国史艺文志，各类都有序，各书都有解题，成为后来编撰《宋史艺文志》时北宋部分的主要依据，其书虽已不得见，但《宋史·艺文志》序中曾记其事说：

> 始太祖、太宗、真宗三朝，三千三百二十七部，三万九千一百四十二卷。次仁、英两朝，一千四百七十二部，八千四百四十六卷。次神、哲、徽、钦四朝，一千九百六部，二万六千二百八十九卷。三朝所录，则两朝不复登载，而录其所未有者。四朝于两朝亦然。最长当时之目，为部六千七百有五，为卷七万三千八百七十有七焉。

南宋还有包括高宗、孝宗、光宗、宁宗四朝的《中兴国史艺文志》[①]。明代学者焦竑也于万历时有明《国史经籍志》之作。这些国史目录是在正史目录体启发之下而又为正史目录提供依据所撰的一种目录书。

---

① （宋）马端临：《文献通考·经籍考》卷二十八

在一些专史中也有目录部分，如郑樵《通志》的《艺文略》、马端临《文献通考》的《经籍考》都是。

正史目录、国史目录和专史目录是史志目录的三个主要构成部分，而以正史目录为主；但是正史目录所缺甚多，因此，清以来学者纷纷为作补志，附表如下：

补志名	撰者	卷数	刊本
补后汉书艺文志	（清）顾櫰三	10	二十五史补编本（小方壶斋丛书二集本作三十一卷）
补后汉书艺文志	（清）侯康	4	二十五史补编本
后汉艺文志	（清）姚振宗	4	二十五史补编本
补后汉书艺文志附考	曾朴	补1 考10	二十五史补编本
补续汉书艺文志	（清）钱大昭	2	积学斋丛书本（二十五史补编本作一卷）
补侯康后汉书艺文志补	（清）陶宪曾		灵华馆丛稿卷四
三国艺文志	（清）姚振宗	4	二十五史补编本
补三国艺文志	（清）侯康	4	二十五史补编本
补侯康三国艺文志补	（清）陶宪曾		灵华馆丛稿卷四
补晋书艺文志	（清）秦荣光	4	二十五史补编本
补晋书艺文志（附录、补遗、刊误）	丁国锡 丁辰	4（附1、补1、刊1）	二十五史补编本

续表

补志名	撰者	卷数	刊本
补晋书艺文志	（清）文廷式	6	二十五史补编本
补晋书经籍志	吴士鉴	4	二十五史补编本
补晋书艺文志	黄逢元	4	二十五史补编本
补南北史艺文志	徐崇	3	二十五史补编本
补宋书艺文志	（清）王仁俊	1	籀鄦誃杂著本（上海图书馆藏稿本）
补宋书艺文志	聂崇岐	1	二十五史补编本
补南齐书艺文志	陈述	4	二十五史补编本
补梁书艺文志	（清）王仁俊	1	籀鄦誃杂著本（上海图书馆藏稿本）
补后魏书艺文志	李正奋		北京图书馆藏钞本
隋代艺文志	李正奋	1	北京图书馆藏钞本
南北史合八代史录目	陈汉章		浙江图书馆藏稿本
补五代史艺文志	（清）顾櫰三	1	二十五史补编本
补五代史艺文志	（清）宋祖骏	1	朴学庐丛刻本

续表

补志名	撰者	卷数	刊本
宋史艺文志补	（清）黄虞稷 卢文弨	1	二十五史补编本
宋史艺文志	（清）朱文藻		清吟阁书目存钞本 16 册
西夏艺文志	（清）王仁俊	1	二十五史补编本
补辽史艺文志	黄仁恒	1	二十五史补编本
辽艺文志	缪荃孙	1	二十五史补编本
金史补艺文志	郑文焯	1	传钞本
金史艺文略	孙德谦	6	上海图书馆藏稿本
补元史艺文志	（清）钱大昕	4	二十五史补编本
补辽金元艺文志	（清）黄虞稷 卢文弨	1	二十五史补编本
补三史艺文志	（清）金门诏	1	二十五史补编本
明史艺文志	（清）尤侗	5	西堂全集本
明史经籍志	（清）金门诏	1	金太史全集本

清代许多学者参与了这种补志工作，但并没有想到从上到下贯成一编。反之，日人却在文政八年（清道光五年）汇集了十种正志

和补志辑为《八史经籍志》，其中除六部正志外，再加上《宋史艺文志补》《补辽金元艺文志》《补三史艺文志》和《补元史艺文志》等四部补志。因为这10种书涉及八个朝代，所以称为《八史经籍志》。这部合刊目录到光绪四年始在我国由张寿荣刊刻流传。如果我们把正史艺文志和经籍志，加上各种补志，再加上金建德的《司马迁所见书考》的《叙论》和《清史稿·艺文志》进行整理汇编，那就构成了我国自古以来一部比较完整而正规的图书总目了。

在史志目录中，《汉志》和《隋志》最负盛名。

《汉书艺文志》是我国现存古代第一部完整目录书。它主要是删订《七略》而成。它的分类基本上依据《七略》而把《辑略》散入各类，以便读者。全书共分六略、38种、596家、13269卷。在各种、类后都有小序，叙述学术源流，是研究我国古代图书状况和学术思想的重要著作。

《隋书经籍志》是继《汉志》后的一部重要史志目录，是中古时期典籍存亡状况的总结。它是现存最早一部用经史子集区分部属的完整史志目录。但在四部之后，还附道录、佛录，实际上是六大部类。它有总序、部序、类序四十八篇，记典籍聚散和学术源流，为研究中古时期学术、文化的重要著作。

三、私家目录

私家目录是由私人编纂，著录对象基本上是私人藏书。它始于南朝宋王俭的《七志》和梁阮孝绪的《七录》，隋、唐继有所作，但这时期的私家目录大多亡佚。至宋，私家目录有了较显著的发展。

直到清代，私家编目之风颇盛，私家目录的数量也最多。

私家目录的范围比较广泛，若从著录的图书来分，大体上可划分为综合目录和专门目录两类。在这两类之下又可按照不同情况略有区分，如综合目录则可分为藏书目录、地方目录、丛书目录和初学目录等；专门目录则可分为专科目录与专书目录等。

（一）综合目录

这是综合群书的一种目录，它按照撰者和用途又可约分为：

1. 藏书目录

这是藏书家对所收藏书的目录。它随着私藏的兴起而产生。我国古代图书多由官藏，私人藏书情况较少。唐代始有较大量藏书的藏书家，并开始自撰藏书目，如吴竞记录家藏图书 13468 卷，编为《西斋书目》①。又蒋或有《新集书目》，杜信有《东斋集籍》②，这些书目都已亡佚。宋代由于雕版印刷已有一定的发展、书籍流通也日益广泛，私人藏书日盛。有人统计自北宋至清末著名藏书家达一千一百余家③。宋人周密曾罗举宋代藏书家有：

“宋承平时，如南都戚氏、历阳沈氏、庐山李氏、九江陈氏、番阳吴氏、王文康、李文正、宋宣献、晁以道、刘壮舆，皆号藏书之富。邯郸李淑 57 类二万三千一百八十余卷；田镐三万卷；昭德晁氏 24500 卷；南都王仲至四万三千余卷，而类书浩博，若《太平御览》之类，复不与焉。次如曾南丰及李氏山房，亦皆一二万卷。若吾乡

① 参阅新唐志、《郡斋读书志》和两唐书本传。
② （宋）郑樵：《通志·艺文略》
③ 叶昌炽：《藏书纪事诗》

故家，如石林叶氏、贺氏，皆藏书至十万卷。其后齐斋倪氏，月河莫氏、竹斋沈氏、程氏、贺氏皆号藏书之家，各不下数万卷，亦皆散失无余。近年惟直斋陈氏书最多，盖尝仕于莆，传录夹漈郑氏、方氏、林氏、吴氏旧书至五万一千一百八十余卷。吾家三世积累，凡有书四万二千余卷，及三代以来金石之刻一千五百余种，庋置书种、志雅二堂，曰事校雠，居然籯金之富。①”

这些藏书家有的有书目，有的未著书目。即著有目录的也大多亡佚，现存宋代藏书家著名目录有：

（1）《郡斋读书志》晁公武撰

（2）《直斋书录解题》陈振孙撰

（3）《遂初堂书目》尤袤撰

明代私家目录较宋又有发展，不仅数量多，而且收录范围也有所扩大，如《宝文堂书目》《百川书志》之收录小说、传奇，《绛云楼书目》之收录天主教图书等。现存明代藏书家目录主要有：

（1）《古今书刻》	周弘祖　　撰
（2）《西亭中尉万卷堂书目》	朱勤美　　撰
（3）《箓竹堂书目》	叶　盛　　撰②
（4）《李蒲汀家藏书目》	李廷相　　撰
（5）《世善堂藏书目》	陈　弟　　撰
（6）《宝文堂分类书目》	晁　瑮　　撰
（7）《百川书志》	高　儒　　撰
（8）《得月楼书目》	李如一　　撰

① （宋）周密：《齐东野语》

② （清）陆心源：在其《仪顾堂题跋》卷五《粤雅堂刻伪箓竹堂书目跋》中曾指出《箓竹堂书目》是从《文渊阁书目》抄撮、改头换面以欺人的。

续表

(9)《澹生堂书目》	祁承烁　　撰
(10)《澹生堂明人集部目录》	祁承烁　　撰
(11)《徐氏家藏书目》	徐火勃　　撰
(一名《红雨楼书目》)	
(12)《脉望馆书目》	赵琦美　　撰
(13)《绛云楼书目》	钱谦益　　撰
(14)《玄赏斋书目》	董其昌　　撰
(15)《千顷堂书目》	黄虞稷　　撰

清代前期，私家藏书风气更盛，而且目录学知识传播益广，许多藏书家多自撰目录。他们主要采用两种形式：一种是编制目录，著名的如：

(1)《也是园藏书目》　　钱　曾撰

(2)《述古堂书目》　　钱　曾撰

(3)《读书敏求记》　　钱　曾撰

(4)《汲古阁珍藏秘本书目》毛　扆撰

(5)《传是楼书目》　　徐乾学撰

(6)《平津馆鉴藏书籍记》(补遗、续编)孙星衍撰

(7)《爱日精庐藏书志》《续志》　　张金吾撰

(8)《振绮堂书目》　　汪　宪撰

另一种形式是题跋。它指撰者对图书所加的要旨综述并加以评论的题识和跋语。这些撰者，既富藏书，又具学识。他们所写的题跋自比一般目录书的质量要高。著名的如吴寿旸的《拜经楼藏书题跋记》和黄丕烈的《士礼居藏书题跋记》《荛圃藏书题识》等。

除了藏书家自编藏书目外，某些学者还为别人的藏书编目，如

清初的著名学者黄宗羲于康熙十二年登宁波天一阁观书时，“曾取其流通未广者，钞为书目”①，编成一个简目；嘉道时的学者刘喜海也因登天一阁览书，编成一部十二卷本的《天一阁书目》②，这两部目录书由于无刊本而未获见。另外孙星衍为其宗祠藏书所撰的《孙氏祠堂书目》也是私人撰著中的佳作。

有的学者在自己读书过程中写下了提要或札记，这些资料有的由自己，有的由他人或后人，加以分类编成读书记。这虽无目录之名，但有目录之实。这应是私家目录中学术价值很高的专著。它既可以窥知学者的治学门径，也可供后人翻查参证，如清周中孚的《郑堂读书记》和朱绪曾的《开有益斋读书志》等即是。

私家目录以宋晁公武的《郡斋读书志》和陈振孙的《直斋书录解题》最为后世所推重。

晁志在当时就有繁简二本：一是理宗淳祐九年（1249）刻的衢州本二十卷；一是淳祐十年（1250）刻的袁州本四卷。衢本较袁本丰富，但一直罕见。直至清嘉庆时汪士锺刊行后始获流传。袁本有后志、考异、附志，通行于世，四库著录即此本。清光绪十年长沙思贤精舍刊衢本系王先谦以袁本校衢本，最善。晁志以四部分类，各有总记，每一书下具列撰者、要旨、学派和篇次。

陈录原为56卷，后缺佚，清修四库时从《永乐大典》中辑出，校定为22卷，即今传本。它和晁志被后人并尊为宋代私家目录的双璧。它虽不标四部之名，但仍以四部为先后。各书均评述篇帙多寡，作者名氏，并品题得失。《解题》之名一直为后人所采用。

---

① （清）黄宗羲：《天一阁藏书记》

② 《文澜学报》第二卷第三、四期

晁志和陈录是私家目录中不可不读的两部目录书。

2. 地方目录

这是把某一地区有关的图书编制成的一种目录书，刘知几：《史通》中所举北齐、北周间宋孝王所撰《关东风俗传》中的《坟籍志》似是这类性质的目录①。其记一地图书的专书有明代祁承㸁的《两浙著作考》和曹学佺的《蜀中著作记》等。祁书不传，曹书也仅有残本②。

地方目录中值得注意的是方志中的目录。方志是我国文化遗产中的宝贵财富之一，数量很大。最近在编地方志综录时，综计有八千五百余种，内容包罗万象，丰富多彩。有的方志中就有著录当地人物和与当地有关人物著述的目录，这就是方志目录。最早的方志目录可能是宋高似孙的《剡录》，所记为与剡（音扇，今浙江嵊县）地有关的图书文献。后来的方志中也多有艺文或经籍等门类来著录地方著述，清乾隆重刻《归德府志》分所收图书为学宫经籍、名家著述、金石文字、郡县志乘四项，体制比较完备。（这些附在地方志中的目录，由于地方志多为官修，所以应属官修目录一种，为便于叙述，在此连及）有些由私人编撰而单行成书的如清吴庆坻的《杭州艺文志》10 卷和孙诒让的《温州经籍志》36 卷都有参考价值。方志目录的重要性在于它所收录的图书每有为公私目录所摒遗，或本身确有价值而名晦不显的。

地方目录不仅可供求书、检书之用，反映地方学术文化发展的状况，而且还可以借此搜辑、整理地方文献，进而为建立地方文献

① （唐）刘知几：《史通·书志篇》
② 残本四卷见《图书馆学季刊》第 3 卷

的体系提供条件。甚至可能从中发掘出重要人物的遗佚著作或非重要人物的有价值著作。如果我们能将方志中的目录按地区汇辑整理，分别编成地方目录汇编，那对学术研究和发掘地方文献，将有很大裨益。

3. 丛书目录

这是出现较晚而利用较广的一种综合目录。它是在丛书大量出现，为使人人能便于使用丛书而编的一种目录。丛书是一种总聚群书的形式。丛书之名比较早地被人使用，如唐朝陆龟蒙的《笠泽丛书》、宋朝王楙的《野客丛书》，但这是诗文或考辨杂著的书名，是撰者自谦所著丛脞细碎，不是总聚群书的意思。那么丛书究竟创始于何时呢？清代乾嘉以来就有学者加以探讨。蒙古族学者法式善认为宋人曾慥的《类说》是丛书之祖①。后来，叶名澧承其说②。但是，《类说》对所收"每一书各删削原文"③。还不能算真正的丛书。当时另一著名学者钱大昕在《跋百川学海》一文中曾以宋度宗咸淳九年（1273）左圭所辑刊的《百川学海》为丛书之始④。光绪时，近代目录学家缪荃孙发现了宋宁宗嘉泰元年（1201）俞鼎孙所辑《儒学警悟》的明钞本，因它早于《百川学海》七十二年，遂推此书为丛书之祖⑤。此说相沿不改，几成定说。这些说法，都未脱始于宋的范围。其实，这种总聚众书的体裁起源甚早，《隋志》史部地理类著录的《地理书》就聚合了《山海经》已来160家著述成为专

① （清）法式善：《陶庐杂录》卷四18条
② （清）叶名澧：《桥西杂记·丛书》
③ 《四库全书总目》卷一二三，子部杂家类
④ （清）钱大昕：《潜研堂文集》卷三
⑤ 缪荃孙：《艺风藏书续记》

科丛书之始。《地记》也是这类性质，所以四库提要认为这就是“丛书之祖”。[①] 有人甚至认为《尚书》《礼记》也是丛书，那就未免太早了，因为一则所集只是各种档案文件或论说，不够丛书的体制，二则所汇集的材料又经剪裁，已自成体系，独成一书，不是丛杂之聚，所以不能视为丛书。总之，丛书之体始于齐梁，但尚不具丛书之名，且系单科丛书。有丛书之名而非丛书之体始于唐陆龟蒙的《笠泽丛书》，现存体制比较完备的综合丛书则以宋俞鼎孙所辑《儒学警悟》为最早。而丛书名体具备则在明代，如《汉魏丛书》《唐宋丛书》等。

丛书在明清两代得到很大的发展。数量激增，最新估计当在三千种左右[②]。在这样浩繁的书群中去搜检一种需用的书，可以说难以措手，于是嘉庆时顾修首创编录丛书子目之举，辑宋元以来丛书261种，成《汇刻书目初编》10册。这是第一部丛书目录。其后续编者继起，著名的有光绪时朱学勤、王懿荣的《汇刻书目》20册，收书567种。民国七年（1918），李之鼎增订的《增订丛书举要》，收书1605种，都采用分类排列法。民国十七年（1978）沈乾一辑的《丛书书目汇编》收书2086种，改分类为书名字顺，较前改进。但它们有一共同缺点，就是列子目于丛书之下，只能了解某丛书收多少书和什么书，而难以检寻某书或某人所著书在何种丛书内。所以，在民国二十年（1931）前后，就有金步瀛编了《丛书子目索引》，收书400种；施廷镛又有《丛书子目书名索引》，收书1275种。都

① 《四库全书总目》卷123杂家类杂编之属按。（清）李调元：《童山文集》卷三《函海后序》中也主此说。

② 《中国丛书综录》不计佛学、新学丛书在内，尚有2797种。

可以从子目书名来检索收于何种丛书之内，较前大为方便，把丛书子目工作大大推进了一步。新中国成立后，上海图书馆集合了全国41个图书馆的馆藏2797种，编制了《中国丛书综录》，有《总目分类目录》《子目分类目录》《书名索引》《著者索引》和《全国主要图书馆收藏情况表》等内容，它不仅可从丛书之名，子目书名、丛书性质、著者姓名等各方面检索所需图书，而且还是联合目录，可以借附表知道丛书所在处所。这是一部体制完备，便于利用的丛书目录。《中国丛书综录》按其撰者来说，应属国家所修目录，为了叙述方便按其内容性质，缀述于此。

4. 初学目录

古典目录书数量很多，门类又较广，对于一般初学者来说，颇有难于入手之苦，那么究竟应从何发始呢？鲁迅先生在开给一个大学生的书单中开列了《四库全书简明目录》，显然是作为初学目录来推荐的。另外张之洞主编的《书目答问》也可作为初学目录。过去，有些目录学家多以此书作为目录学的蒙学读本。如余嘉锡先生曾对陈垣先生说过："他的学问是从《书目答问》入手"，他讲授目录学课程也以《书目答问》为课本。当然，现在看来，余先生的主张还可以商讨研究，但终不失为一种经验之谈。

《书目答问》是张之洞任四川学政时为应初学者的需要而拟定的，所以比较简要易读。虽然，这部书由于它产生的时代背景而有较大的局限，有一定的缺陷和过时之感。但是，在还没有撰作这类初学目录前，姑且用它来供初学者作入门读物，至少可以熟悉和掌握一部分古籍的基本情况，作为进一步钻研的阶梯。近人范希曾为它所作的《补正》，更比原作增订多多，尤其值得初学者加以翻读。

另外叶德辉所撰《书目答问斠补》[1] 则是对《答问》的版本著录内容加以订正和增补，也可参读。

（二）专门目录

这是和综合目录相对称的一种目录。它是专为与某一种专门学科、某一种专书有关的图书所编的目录。它主要有二类：

1. 专科目录

这是把与某一专门学科有关的图书编制起来的一种专目。它比综合目录出现得早，国家图书目录中由汉武帝时杨仆所编的《兵录》应算是最早的专科目录，可惜没有流传后世，使我们无从知道它的编制体例。这种目录是随着学术发展和目录学日趋分枝而发展增多起来的。如释道典籍、经籍、史籍，文艺书籍、科技书籍等等，都分别编有自己的专科目录。下面例述数种：

（1）释道目录

释道目录虽是专记释、道二家典籍的专门目录，但在学术研究上，它具有更为广泛的利用价值。《隋志》列于附录，其他目录书多列于子部之末，自成一类。其佛籍单独成为专书体制较备应以东晋释道安的《综理众经目录》为始，此书久佚，但还能从《出三藏记集》中得其大体。它的编制法是“始述名录，铨品译才，标列岁月”[2] 重点放在评论译书水平上，即“诠品译才”，是一部具有书评性质的目录书。现存最早的佛籍目录则是梁释僧祐的《出三藏记集》十五卷。所谓出是译出，三藏是指经、律、论，记集是记录集合，就是记集中土所出翻译经律论的佛籍总目录。全书体制分撰缘起

① 《江苏省立苏州图书馆馆刊》第三期（1932 年 4 月）

② 《出三藏记集》卷二

（记佛经与译经的起源）、铨名录（记历代出经名目，以时代撰人分类）、总经序（记各经前序和后序），述列传（载译经人名传）等四部分。以后各代都撰有佛籍专录，其中著名的有隋费长房撰《开皇三宝录》（一名《历代三宝记》）、唐释道宣的《大唐内典录》和释智昇的《开元释教录》、明释智旭的《阅藏知津》等。

道家典籍的目录，最早可以推原到晋葛洪所撰《抱朴子》卷十九的《遐览篇》。《遐览篇》中列举了一些道书的名目和卷数，但体制并不完备，既无明确分类，又未全注著者姓名。道籍之收录于综合目录从王俭《七志》的《道经录》始。而阮孝绪《七录》的《仙道录》则对道籍加以明显的分类。道籍的专录当推刘宋时道士陆修静所撰《灵宝经目》为最早，唐宋元明各代都有道家目录的编撰，其中著名的如明天启时白云观道士白云霁所撰《道藏目录详注》四卷，虽然只有少数书加略注，不符详注之名，但在道家目录中仍以它为较胜。

（2）经籍目录

经籍在古代一直受到重视，我国最早的正规图书分类中的六大类，其第一类《六艺略》中就以经籍为主，不过当时还包括史籍在内。四部分类以后，经籍仍居首类，但这只是综合目录中的一个组成部分，没有独立成为专科目录。经籍专目，当以《宋史·艺文志》中《经书目录》11卷为始，而其代表作自推清初朱彝尊的《经义考》。朱彝尊从康熙中归隐后，就仿马端临《文献通考·经籍考》之例，加以发展，经过近二十年的努力，撰《经义存亡考》300卷，分26类，以书名为序，附注历代著录，撰、注者，并于前人注存和佚之外，又增阙和未见二项，更录序跋及诸家书评，体制可称大备。

乾隆二十年刊行时定名为《经义考》。它不仅为几千年的经籍作了总括，对学术研究提供了方便，而且影响很大。章学诚撰《史籍考》的动议及后人的《经义考》续补之作都可作明证。当时对人少所许可的学者毛奇龄也称誉此作"非博极群书，不能有此"。

（3）史籍目录

史籍虽在《汉志》中附在《六艺略》春秋家后，但自四部分类法以后，尽管有两三次序的改变，总算自成部类。各代虽有史籍篇目和史目的专目，但比较完整的史籍专目仍以宋高似孙的《史略》六卷为最早，而体制宏大，创有新意的莫过于乾隆末年章学诚创编的《史籍考》。章氏在《经义考》影响启发下而有此议，打破史部界限，广泛搜采与史有关的载籍而汇为一集，聚人甚众，又数易其手，历时多年，似已成稿，可惜咸丰间，这部几经修订的巨著不幸毁于火。这是学术上无法弥补的损失。现只能从章学诚的《论修史籍考要略》和《史籍考总目》①中略知其体例与类目而已。

（4）文艺目录

文艺书籍的专目始于晋挚虞的《文章志》四卷。这是把各家诗赋文章的篇目集为一志的文艺图书专目。南北朝又多有续作，见于《隋志》著录。《宋史·艺文志》著录的沈建《乐府诗目录》又是文艺专科中的单科专目。《千顷堂书目》著录的《国朝名家文集目》则是明代文集的专目。

---

① 《章氏遗书》卷十三、《章氏遗书·补遗》

(5) 其他

医籍专目有明殷仲春的《医藏目录》[①]。

地理书专目有清顾栋高的《古今方舆书目》[②]。

数学专目有梅文鼎的《勿庵历算书目》[③]。

书画专目有唐裴孝源的《贞观公私画史》和宋米芾的《书史》《画史》。

金石专目有宋欧阳修的《集古录跋尾》、赵明诚的《金石录》。

图书专目中又有善本书目、版本书目、刻本书目、阙书书目、禁毁书目等等。

专科书目对于学术研究利用文献确有很大裨益，而且从目录学的发展趋向看，也应着重于专科目录学的研究与专科目录书的编制。

2. 专书目录

这是对一种书或一类书所编的专门目录。它有不同的情况：

一种是一书的引用书目。这是一书涉及多书的目录，就是把某一书所引的各种图书编成专目，借此考察此书的资料来源，并以表明引书的存佚，如沈家本所撰《三国志注引书目》《世说新语注引书目》和《续汉书八志补注所引书目》（合称《古书目三种》）。从这种书目可以看各书注引的情况，其中今佚各书不仅可供图书存佚的考察外，还为辑佚工作提供了便利。

另一种是为某一书编制参考书目录。这是多书集中于一书的目录，就是把与此书有关的书编成专目，供了解研究之用。如《史记

① 北京图书馆藏有钞本。1955 年 5 月群联出版社曾印《医藏书目》（附《疹子心法》，收入《中国古典医学丛刊》

② 《方志月刊》第 7 卷

③ 梅文鼎（清）为其所著历学书 62 种、算学书 26 种各撰提要而成。

书录》就是把与《史记》有关的参考书编制成供研究《史记》之用的目录。

四、附说索引和类书

索引和类书虽然不是图书目录的形式，但它们是一种检索工具。索引可用来检索图书、图书篇目和图书中的有关资料；类书可以按类提供经过汇编的资料。它们都具有目录的性质和作用。

索引是从日文一语译音而来，也有据英文 Index 而译作引得的，包含着指点的意思。我国旧称通检或备检，最早的一部成著是《群书备检》。宋晁公武的《郡斋读书志》卷九曾著录说：

> 《群书备检》10 卷，右未详撰人。辑易、书、诗、左氏、公羊、谷梁、三礼、论语、孟子、荀子、杨子、文中子、史记、两汉、三国志、晋、宋、齐、梁、陈、后周、北齐、隋、新旧唐、五代史书，以备检阅。

陈振孙的《直斋书录解题》卷八也说：

《群书备检》3 卷，不知姓氏，皆经史子集目录。

看来，宋时此书已有 10 卷、3 卷二种本子。

《宋史·艺文志》著录此书说："其书已亡"，则元初已未见此书；但明《文渊阁书目》却著录说："《群书备检》一部，3 册，残阙。"可见明代还有残本。

从这些目录书的记载看，《群书备检》就是一部经史子集的篇目索引。

清代目录学家章学诚也很提倡编制这种索引形式的目录，他说：

窃以典籍浩繁，闻见有限，在博雅者且不能悉究无遗，况其下乎？以谓校雠之先，宜尽取四库之藏，中外之籍，择其中之人名、地号、官阶、书目，凡一切有名可治，有数可稽者，略仿佩文韵府之例，悉编为韵。乃于本韵之下，注明原书出处及先后篇第，自一见再见以至数千百，皆详注之，藏之馆中，以为群书之总类。至校书之时，遇有疑似之处，即名而求其编韵，因韵而检其本书，参互错综，即可得其至是。此则渊博之儒穷毕生年力而不可究殚者，今即中才校勘可坐收于几席之间，非校雠之良法欤？①

有些学者就从事这方面的编制工作，如清黎永椿的《说文通检》就是为检索说文部首和各字而编的。以后索引就发展为对文句、篇目和专题等方面的检索工具。

起索引作用而内容辑有资料的便是类书。类书是把各种图书中的有关资料。或按问题分类，或按字分韵，加以汇集这很便于省览、记忆和检索。

类书的起源，过去有两种不同的说法：

其一，宋晁公武《郡斋读书志》卷十四类书类，立梁元帝（552—554）撰《同姓名录》3 卷于首，认为“类书之起，当在是时”。《四库全书总目》类书类承此说。

其二，宋王应麟：《玉海》卷五四，《艺文承诏撰述》篇，认为“类事之书，始于《皇览》”。据《三国志·魏书·文帝纪》说：“文帝好学，黄初中散骑侍郎刘劭等受诏集五经群书，以类相从，几千

① （清）章学诚：《校雠通义》内篇一《校雠条理第七》

余篇，号曰《皇览》”。[1]

清末张之洞的《书目答问》采用此说。

从上述二说看，《皇览》成书于220年到226年间，早于《同姓名录》三百余年，自然应该以《皇览》为类书之始。

类书篇帙一般较大。宋代的《太平御览》是现存的有典型的一部大类书，它以问题类别编次，共达千卷。清代的《古今图书集成》一万卷，篇帙尤大，内容丰富，甚有助于参考。另外如《佩文韵府》和《骈字类编》等书，虽然是供作诗叶韵，搜求辞藻之用的韵书，但它汇集了许多资料典故，并注有出处，因而也具有类书指引资料的作用。

类书可以按照它的指引找到同类相关的若干资料，有的可以借此追求原书；有的作为资料来源的图书本身已经亡佚，那就可以赖类书保存一部分，则更有参考价值。《四库全书总目》曾给予肯定的评论说：“古籍散亡，十不存一，遗文旧事，往往托以得存。[2]”但是，类书往往由于辗转沿袭，所录资料是否原貌，必须审慎使用，以免谬误传递。近人刘文典氏曾指出这一点说：“类书引文，实不可尽恃，……盖最初一书有误，后代诸书亦随之而误也。如宋之《太平御览》实以前代《修文御览》《艺文类聚》《文思博要》诸书，参详条次，修纂而成。其引用书名，特因前代诸类书之旧，非宋初尚有其书。陈振孙言之详矣。若《四民月令》一书，唐人避唐太宗讳，改民为人，御览亦竟仍而不改。书名如此，引文可知。[3]”这是在使

① 《皇览》久佚，清人有辑佚一卷

② 《四库全书总目》卷一三四，子部、类书类小序

③ 刘文典：《三余札记》卷一

用类书时所应注意的一个问题。

第三节 古典目录书的体制

一、体制的三种类型

古典目录书的体制，四十年前汪辟疆的《目录学研究》一书中曾在论述目录学界说时有所涉及。他提出了四种说法：

（1）“纲纪群籍，簿属甲乙”，就是按类记录书名使各种图书有所归属，而对书中旨趣则不详加论列。

（2）“辨章学术，剖析源流”，就是在部次类居以前要讲古今学术的隆替和作者的得失。

（3）“鉴别旧椠，雠校异同”，就是要标举不同版本并加以鉴定，为校勘提供方便。

（4）“提要钩元，治学涉径”，就是要有提要并能指出学习方法。

这四点虽是为了说明目录学的作用，实际上却提出了对目录书体制的要求，如第一点就指登记目录——只记书名、作者、卷数，没有提要之类。第二点似乎指目录书应有小序来讲明学术源流。第三点则要求目录的体制应该著录版本。第四点说明目录书应该有解题或有附注来帮助读者读书和治学。

余嘉锡先生在《目录学发微》一书中则明确地提出了古典目录

书体制的三种不同类型，并举出例证来说明。他说：

一曰部类之后有小序，书名之下有解题者：这种体制的目录书有宋晁公武《郡斋读书志》、陈振《直斋书录解题》、马端临《文献通考·经籍考》和清《四库全书总目》等。这种体制的目录书主要是为了“论其指归，辨其纰缪”，对图书进行较全面的论述和正误。

二曰有小序而无解题者：这种体制的目录书有《汉书艺文志》和《隋书经籍志》等。这种体制的目录书是充分利用小序这一构成要素来“穷源至委，竟其流别”，以“辨章学术，考镜源流”。使读者对每类图书能先从学术上得到一个概貌，进而便于了解和掌握每一种图书。

三曰小序、解题并无，只著书名者：这种体制的目录书有《新唐书·艺文志》《宋史·艺文志》《明史·艺文志》《通志·艺文略》和《书目答问》等。这类体制的目录书虽然只记书名，但如果“类例分明”，就能“使百家九流，各有条理，并究其本末，以见学术之源流沿袭”①。又可以便于学者根据自己的需要去按类求书。

这三种不同的体制发挥着不同的作用，无需论其短长，分其高下，因为问题在于编制者的水平，而不在编纂体制如何，如过去有认为以第一类为最上，如撰解题者识见不深，那么体制虽美而收效甚微。又如第三类，有人“薄其浑漫，视为无足重轻”的，但如果出于通人之手，那就能“分门别类，秩然不紊，亦足以考镜源流，示初学以读书之门径”②，得到宋代学者郑樵所说的“类例既分，学

① 佘嘉锡：《目录学发微·目录学之意义及其功用》
② 佘嘉锡：《目录学发微·目录学之意义及其功用》

术自明[1]”的成效。

二、体制的基本结构

从古典目录书的三种不同体制来看，它的基本结构主要包含三种因素，即书名、小序和解题（书录）。书名是任何目录都需具备的一项，它反映图书外貌的基本特征——书的名称（有不少书名直接反映出图书的主旨），撰述者、篇卷数、不同的版本和藏者，有的著录全部项目，有的有缺项，但变化不大。而小序和解题则比书名处在更为重要的地位。体例也各有不同，需要做进一步的说明。

小序是伴随目录书开始编纂就出现的一种体制。它主要是为了“辨章学术”，对某一部类图书的学术流派、演变和特点加以论述。这对于掌握和了解这类图书起了提纲挈领，鸟瞰全局的作用。刘歆所撰《七略》中的《辑略》就是对各家学术源流利弊分别加以论述，然后汇辑一编来代替全书的凡例。这是小序体制的开端。《汉书·艺文志》散《辑略》各篇入各家，更便参读。这是古典目录学的优良传统。但是魏晋时的目录书没有很好地继承这一传统，如西晋荀勖是被认为“依刘向别录，整理记籍”[2] 的目录学家；但他所撰的《中经新簿》，“但录题及言，至于作者之意，无所论辨”[3]，则似于部类之下无小序之体。南北朝时，小序体例又被利用，如刘宋王俭的《七志》，在首卷之中有《条例》九篇，虽然《隋书经籍志》

---

① （宋）郑樵：《通志·校雠略》

② 《晋书》卷三九《荀勖传》

③ 《隋书经籍志》

评论此《条例》是“文义浅近，未为典则”，但它可能就是《七志》中九个部类的小序。隋许善心撰《七林》除在篇首有总序外，部类之下尚有《类例》以“明作者之意，区分其类例”，看来也是小序。

《隋书经籍志》和唐代目录学家毋煚的《古今书录》都有小序，而且正式标举出小序之名，可惜除《隋志》外，他书已佚，对当时小序体制仅能从其他记载得其只言片语而不能有更多的了解。《旧唐书·经籍志》虽然在总序中保存了一些有用的资料，如毋煚的书序，但没有采用小序体制，破坏了目录学的优良传统，开后世史志目录不立小序的恶例。宋代修《国史艺文志》时，又恢复了汉、隋二志的传统，在部类之下都有小序。宋朝的官修书目《崇文总目》也有小序。元初修《宋史》时，虽然主要依据了宋代的《国史艺文志》，但却沿袭了《旧唐志》的体例，摒去了小序。后来各史志目录都沿此体制，“由是自唐以下，学术源流多不可考”①。直到《四库全书总目》才又恢复了这一体制，为后人研究古历史学术源流提供了基本资料。这也是《四库书总目》之所以享有学术价值的原因之一。

解题也称叙录、书录或提要。它是用来揭示图书主旨和用途，向读者指示门径和提供方便的。它在目录学史上是我国最早创制的一种体制，对后世的目录学及其他学术领域都起着重要的推动作用。它肇始于《书序》。刘向《别录》就以书录为主要构成部分。宋陈振孙采用解题之名，撰《直斋书录解题》。《四库全书总目》曾解释了解题的内容和作用说：

① 余嘉锡：《目录学发微》五《目录书之体制三·小序》

各详其卷帙多少、撰人名氏而品题其得失，故曰解题。……然古书之不传于今者，得藉是以求其崖略；其传于今者，得藉是以辨其真伪。核其异同，亦考证之所必资。①

所以凡具备这类体制内容的目录书就被称为解题目录。

清代的《四库全书总目提要》也采用这一体制为每种图书写一提要进行评介，从而使全书成为一部有学术价值的目录学著作。所以有的著作中也称有这一体制的目录书为提要目录。

这类解题目录或提要目录，由于取材内容和撰写方法的不同，又可分为三种类型：

（1）叙录体：这是解题目录中最早的体例，刘向《别录》的各篇叙录就是这一体例的创作。叙录介绍作者的时代和生平、叙述该书的学术源流、记录校雠异本的情况、分析评论图书内容，尤其是指出图书的“资治”意义，如《晏子书录》中就说：“其书六篇皆忠谏其君，文章可观、义理可法，皆合六经之义”，“可常置旁御观”。这显示了目录工作与现实政治的紧密关系。到了宋代晁公武的《郡斋读书志》和陈振孙的《直斋书录解题》，叙录体例更称完备，主要包括卷帙、撰者状况、学术渊源、版本异同等项目，而至《四库全书总目》则为集这一体例的大成之作。这一体例是解题目录中的大宗。

（2）传录体：这是比叙录体内容简略的一种体例。由于采用这一体例的目录书多已亡佚，只能从其他记载中略知情况。采用此体最早的，可能是晋荀勖所撰《中经新簿》，因为《隋志》称此书说：

① 《四库全书总目》卷八五史部目录类一《直斋书录解题》条

“但录题及言，至于作者之意，无所论辨。”“题”指书名，“言”指对书名的说明，即简略的题解，只介绍图书大致内容，而不论列作者意旨。刘宋王俭的《七志》，《隋志》也说它“不述作者之意，但于书名之下每立一传”。此“传”字不是传记，而是传注即解释说明。那么它与《中经新簿》似为一体。由于《七志》的“每立一传”，所以一般说这种体例是传录体，即注录体。后世一般藏书的典藏登录仅写一简要内容提要，当属此体①。

（3）辑录体：这是广泛辑录与一书相关的资料来揭示图书内容和进行评论的一种体例。它以马端临的《文献通考·经籍考》为代表。《通考·经籍考》除以晁公武《郡斋读书志》和陈振孙的《直斋书录解题》为主要依据成书外②，还辑录了《汉志》《隋志》《新唐志》、宋三朝、两朝、四朝各《国史艺文志》《崇文总目》《通志·艺文略》、正史列传、各书序跋和文集、语录中的有关文字。后来对目录书作辑佚、考证、拾补工作的，多采用此体。而朱彝尊的《经义考》和谢启昆的《小学考》更是径仿其例，撰成专科目录的。这一体例颇似会注体，使有关一书的资料汇集一编，对参证考索图书及有关问题极为有用方便。

从这三种类型看，解题无疑是目录书体制最主要结构成分。

书名、小序和解题是目录书体制基本结构的三要素。大量的古典目录书充分地体现了古代目录学家如何适当地运用这三项要素的宝贵经验，为后人提供了足资借鉴和吸取的有利条件，但后人又应

---

① 姚名达：《中国目录学史》中以郡斋与直斋划属《中经新簿》与《七志》同一系统.

② 《四库全书总目》卷八五史部目录类一《直斋书录解题》条

该伴随图书事业的发展，图书门类和数量的增长而创制和改造目录书体制的基本结构，不能泥古不化。

第四节　目录学的作用

目录学是一门专门之学，对于读书、治学有着重要的辅助作用。它可以通过目录书的表现形式使人们在学术研究工作中能借此“辨章学术，考镜源流”，使学者本身能够“即类求书、因书究学”，为学术研究扫清一些障碍，开辟一定的途径。

一、掌握古籍总的基本状况

目录学通过目录书的特有形式，使浩如烟海的群书，得到部居类次，为人们掌握图书的基本状况和检索所需要的图书提供了便利，发挥了“纲纪群籍，部属甲乙”的功能。

我国是一个文化发达的国家，古籍为数甚多，但是究竟有多少，至今也难有一个接近精确的数字，只能做些大概的估计。如据《中国丛书综录》的子目来统计，就列有七万多条，假设各丛书重收的有一半多，那也还有三万多种。近人孙殿起:《贩书偶记》录四库以来单刻本万种左右，续篇有六千余种，再加上四库以前的单刻本和其他阙漏未见著录的，总有七八万种之多。所以 1963 年有人曾估计我国古书的总数约有七八万种之多。①

① 方厚枢:《从目录学入手》(《光明日报》1963. 3. 6)

1979 年，杨殿珣氏又作了“可能有十五万种左右”的约略估计。他的根据是：

（1）《中国丛书综录》的子目统计，有 38891 种；

（2）未曾收入《丛书综录》的清以前的单刻本，估计有一万余种；

（3）《丛书综录》未收入的佛经汇刻及新式丛书，以及待补入的丛书，其中子目估计一万种；

（4）孙殿起编有《贩书偶记》，大家认为是清代以来的著述总目，所收有一万余种；在 1959 年新印本《贩书偶记》的出版说明中，谓著者在本书初版印行以后，又积得资料一万余种，二者合计有二万余种；

（5）在《贩书偶记》未曾收入的清代著述，估计还有一万余种；

（6）《中国地方志总录》收入的方志，最近计算有八千五百余种；

（7）现存的古医书，估计有八千余种；

（8）通俗小说、民间唱本、地方剧本、宝卷、鼓词、家谱，以及在佛经、道经之外的各种宗教书，各种合计，估计有一万余种；

（9）碑帖、舆图估计有一万种；

（10）兄弟民族语文图书及其他，估计一万余种①。

这些为数浩繁的古籍，如果杂乱纷陈，无所归属编次，那么寻检使用确有极大困难。要是有点目录学知识，那就可以利用已有的目录书去了解图书的基本情况。现有的古典目录书，一般说来，都

① 杨殿询：《谈谈古籍和古籍分类》（《北图通讯》1979 年第一期）

是过去的目录学者搜检群书，经过一系列的比勘考订、撰录、编目等程序而撰成的。因此，一编在握就可以帮助我们知其归属，搜检有据。这样运用既久，对于古籍图书的基本情况，就能大致了然。

基本情况有如：

1. 各时代的古籍概貌

官修目录基本上反映了各朝官藏的图书现状，是比较完备的总书目，因而从中可以看到某一时代的古代图书概貌，如从《汉书·艺文志》的著录可以知道汉代的图书总数是一万三千余卷①。从《隋书经籍志》的著录可以知道唐初的图书总数，包括经传存亡和道佛在内已有56881卷。从而，可以进一步知道从汉至唐图书量的增加将近四倍半。又如《汉志》没有史籍的独立门类，只在《六艺略》的春秋家后附录了23家、948篇，而到《隋志》，不仅把史部标为一大部，而且著录存亡史籍有874部、16558卷，较《汉书》增多何啻倍蓰，从而还可以了解到历史书籍发展增多的概况。

2. 古籍图书的归属状况

图书无归属犹如士兵无编伍，将给寻求图书带来一定的困难，而熟悉目录，不仅可以知六分、四分、七分、九分之大部，更能了解各部细类，各类是何性质，各类所著何书。类有所属，书有所归，从而对学术情况也自然了解，这正起到了如郑樵所说“类例既分，学术自明，以其先后本末具在②”的功效。

在利用已有目录掌握图书基本情况的同时，学者由于具备目录

---

① 关于当时图书总数，记载多有不同，《汉志》说“万三千二百六十九卷”、《广弘明集》引《七略》说“一万三千二百一十九卷”、《论衡·案书篇》说：“万五千篇”、《抱朴子》外篇自叙说：“万三千二百九十九卷。”当以万三千余卷为近似。

② （宋）郑樵：《校雠略》《编次必谨类例论》

学知识，增订已有目录书、编撰新目录书，使图书的基本情况得到更充分的反映。如清代邵懿辰就是利用《四库简明目录》而把所见各书版本不断标注，终于撰成《四库简明目录标注》，成为反映图书版本的新目录书，为学者提供了方便。清人叶名澧的《桥西杂记》中曾记其事说：

> 邵君蕙西居京师，购书甚富，拳拳于版本钞法。……名澧尝见邵蕙西案头，置简明目录一部，所见宋元旧刻本、丛书本及单行刻本、钞本，手记于各书之下，可以备他日校勘之资。①

邵的后人又汇集了其他学者的一些标注，撰成《增订四库简明目录标注》，不仅成为一部较完备的版本目录专著，而且还使人们利用它能对图书版本的情况一目了然。

3. 古籍图书的考辨

古籍中撰者有阙名，篇帙有不同，而伪作、伪托更需订定。对于这些方面的考辨，无一不需借助于目录，所谓“或得一古书，欲知其时代、撰人及书之真伪、篇之完阙，皆非考之目录不为功”②。

余先生还根据自己多年研究古典目录学的所得，进一步提出了目录学对古籍考辨有六项功用，即：

（1）以目录著录之有无，断书之真伪。

（2）用目录书考古书篇目之分合。

（3）以目录书著录之部次定古书之性质。

（4）因目录访求阙疑。

（5）以目录考亡佚之书。

---

① （清）叶名澧：《桥西杂记·藏书求善本》

② 余嘉锡：《古籍读校法》（讲义排印本）

（6）以目录书所载姓名、卷数考古书之真伪①。

这些都对考辨古籍真伪起着重要作用，但也不能仅据此而贸然判定真伪，还需有更多的本证和旁证来作最后的确定。

如此看来，目录学知识对于了解图书总的基本情况，确是可以起到事半功倍的成效。

二、了解图书的本身状况

古典目录对所著录的每种图书，大都记载了它本身的有关状况，如书名、撰者、卷数、版本、提要等。这些记录资料使人们能借以了解到每一种图书的撰者生平，撰述意旨，图书的简要内容，存亡残整，良本精刻以及学术价值等等。即以撰者生平为例，如《四库全书总目》卷一一五子部谱录类著录《茶经》三卷，唐陆羽撰。其提要就著有撰者生平：

> 羽名鸿渐，一名疾，字季疵，号桑苧翁。复州竟陵人。上元初，隐于苕溪。徵拜太子文学。又徙太常寺太祝，并不就职。贞元初卒。事迹具《唐书·隐逸传》，称羽嗜茶，著经三篇。

这条著录提示了撰者简历，如果需要知道得更详细些，它也指出了陆羽本传的出处，可备进一步稽考。了解和熟悉图书的撰者是有助于了解图书的性质和判断图书的价值。

又如《隋书经籍志》不仅记图书的存，而且还记佚，这就使人们知道某种图书当时的现状和散失的时代，可以帮助人们从存书中

① 余嘉锡：《目录学发微＊目录学之意义及其功用》

选择精者研读，对亡书致力于搜求逸文。后来的目录学著作对这种著录项目又增加阙和未见二目，如清初朱彝尊的《经义考》就有存、佚、阙和未见四项，对图书本身状况提供了更完备的资料。

有的目录书，如宋尤袤的《遂初堂书目》是创目录记述版本先例的一部目录书，清代官修的《天禄琳琅书目》正续是记载版本资料完备的一部目录书。它们都著录了图书版本情况。人们了解了图书版本情况后，就可以知道某一图书各个时代的不同刊本和流传情况，从而估计某一图书的价值。如果具有目录学知识，从而知道还有一种专记图书行格的书，如江标所撰的《宋元行格表》，那就为鉴定版本提供了一种依据。由于了解和熟悉图书的版本情况，人们便可借此博采众本，雠校异同，校勘订误来求读精刻善本，而不致因读误书而贻害于学术研究。陈垣先生说："日读误书而不知，未为善学也。[①]"正指此等事。

由于对图书本身状况有了充分的了解，还可以为审查图书和史料提供外证，如《汉书·艺文志》登录了西汉以前的图书，如果有一部著作据说是先秦作品，但《汉志》不见著录，那么这部著作就有可疑之处而需进一步审订。又如《史记》的《孟荀列传》中谈到驺衍到燕、燕昭王"身亲往师之，作主运"，"作主运"一时难得其解，幸《索隐》说："刘向《别录》云：邹子书有《主运篇》。"又同传记慎到"著十二论"，《集解》引徐广说："今《慎子》，刘向所定，有四十一篇。"《汉书·东方朔传》也根据刘向对图书的著录来审定东方朔著述的真伪。

因此，图书本身状况的资料对于读书、治学各有关方面如校勘、

① 陈垣：《通鉴胡注表微·校勘篇》

版本、考证、撰述等等都能有所裨助。而如何才能了解图书本身的状况则需要具备一定的目录学知识，方能知其途径，运用自如。

三、掌握学术源流

从学术角度研究目录学，撰著目录书是我国古典目录学的优良传统。从刘向的“条其篇目，撮其指意，录而奏之”的全部程序看，撰写书录就是一项很重要的学术研究工作。它除了说明图书的整理编辑过程外，主要是介绍作者，综述全书主旨，加以分析，评论，还指出书的作用，这便成了学术史的一个片断。可惜这些书录大都亡佚，现只能见到《战国策》《晏子》《荀子》等几篇残录；但仍不难从中了解到先秦学术的某些方面。刘歆继承父业，撰成《七略》，其编次于卷首的《辑略》，可以说是先秦学术史的简编。班固改编《七略》而为《汉书艺文志》，散《辑略》于各略、种，创制了小序之体，尤便于学者了解学术源流和演变，如所谓“诸子出于王官论”便成为后世研究古史的一大课题。所以后世就因此而称目录学为流略之学。这正说明目录学的学术性。清代目录学家章学诚说目录学的重要任务在于“辨章学术，考镜源流”，正由于此。

从《七略》《汉志》开创的小序体对于学术研究确为一重要贡献，后此诸家，颇多沿用，可惜为《旧唐志》所破坏，使唐以下目录书对学术源流的论述缺一大宗。

有的古典目录书如《汉志》之类，对于图书的撰人，内容、篇章、真伪等间或加以小注，虽然只有片言只语，但对年久亡佚的图书资料，却使人们可以从中略窥轮廓，至今研讨先秦、前汉学术时，还不能不引以为据。这些附注逐渐发展而成为一书的解题。解题的标举正名应推宋代目录学家陈振孙的《直斋书录解题》。图书有了解题，不只象小注那样得其轮廓，而是往往能得其要略，尤其对于亡佚图书，显得更为重要。如索引本是目录的一种形式，本是我国的一种传统体制，但许多人谈及索引时，往往喜引英语单词“Index”作为缘起，实不知我国的“备检”就是索引，而宋代已有《群书备检》一书，只是由于此书亡佚而被人忽视，但其主要内容却见于目录书中，如《郡斋读书志》《直斋书录解题》《宋史艺文志》和《文渊阁书目》中都有概括的记录。在这些记录中，就使人们知道我国在宋代就有一部索引书目。虽然在元初亡佚，但在明代又发现有残本，这部经史子集的篇目索引的大致情况也就依靠这些目录学著作而流传下来了。

有些古典目录书还把图书的序跋录入，对于了解图书更有莫大的帮助，如现存最早的一部佛经目录——梁释僧祐所撰的《出三藏记集》，其中就有《总经序》一部分，录入了各经的前后序。序跋文字往往叙述了图书的主要内容、写作过程、撰者意旨、流传经过和对撰者与图书的评介等等情况，成为人们认识和熟悉某一图书的途径。近人谢国桢氏所撰《晚明史籍考》也多录入书录，有助于了解晚明典籍。有的目录书径以题跋形式出现，如清代学者黄丕烈的《士礼居藏书题跋记》、近人朱希祖的《明季史料题跋》都是。这类目录书大多经过撰者对图书资料的考订和论证，对于学术研究工作有一定的参考价值。

还有的学者并非专门从事图书编目，而是在读书之余，逐书写作礼记，岁积月累，或由自己纂集，或由后人辑录，成《读书记》

形式的目录书，如清人周中孚的《郑堂读书记》、朱绪曾的《开有益斋读书志》、李慈铭的《越缦堂读书记》（由后人所辑）等都是这类性质的目录学专著，这些著作虽非专门书目，但功力之深，内容之精往往有之，其中如《郑堂读书记》，篇帙的繁富、内容的精深、涉览的广泛，以之继《四库全书总目》而称续篇，都无愧色。

目录学著述中既蕴藏这些与学术有关的资料，如能在掌握目录学知识的条件下，加以充分利用，那就不只限于粗知学术源流了。同时，由于有这些丰富知识，对于评论和衡量图书的价值和地位，也就更能有所帮助。

四、指示门径和辅导读书

我国浩繁的古籍是古代学术文化的宝库，要打开这座宝库，单凭兴之所至地去涉猎翻阅，那是事倍功半难有成效的。唐代的目录学家毋煚曾认为：如果没有分类编次、叙明源流的目录书，要想得到知识，那就像孤舟漂荡在大海上，小鸟想要高飞冲天，精卫鸟衔石填海和夸父追日①般地难以达到目的，而如果有了目录书，其结果则是：

> 将使书千帙于掌眸，披万函于年祀，览录而知旨，观目而悉洞，经坟之精术尽探，贤哲之睿思咸识，不见古人之面，而见古人之心。②

① （唐）毋煚：《古今书录序》说："苟不剖判条源，甄明科部，则先贤遗事，有卒代而不闻，大国经书，遂终年而空泯。使学者孤舟泳海，弱羽凭夫，衔石填溟，倚杖追日，莫闻名目，岂详家代?"（见《日唐书经籍志》）

② （唐）毋煚：《古今书录序》（见《旧唐书经籍志》）

毋煚认为目录书使人们对古籍能“知旨”“悉洞”，进而对古籍和各种学术思想达到“尽探”和“咸识”。汉代学者王充希望人们不要墨守章句，而要博览古今、畅通大义，成为“通书千篇以上，万卷以下”的“通人”①，那么如何才能做这种“通人”呢？他在另一篇中谈到这种门径说：

> 六略之录，万三千篇，虽不尽见，指趣可知。②

这正说明目录可使人得到读书的门径。所以清朝学者江藩曾直接指出这一作用说：

> 目录者，本以定其书之优劣，开后学之先路，使人人知其书可读，则为易学而功且速矣。吾故尝语人曰：目录之学，读书入门之学也。③

《书目答问》的撰者张之洞也提出过“四库全书，为读群书之径”④。

近代目录学家余嘉锡先生素以“读书博”著称。他钻研《四库提要》五十余年，撰成《四库提要辨证》二十五卷。余先生在该书序录中就自承：“余之略知学问门径，实受《提要》之赐。”他还对陈垣先生说过：“他的学问是从《书目答问》入手”⑤，可见目录书之能指示门径。

这种指示门径的作用具体体现在小序、题解和附注上。有的目

① （汉）王充：《论衡·超奇》
② （汉）王充：《论衡·案书》
③ （清）江藩：《师郑堂集》
④ （清）张之洞：《辅轩语》（《书目答问》附）
⑤ 陈垣：《余嘉锡论学杂著》序

录解题对图书提出了一己的评论，如《四库全书总目》论《旧五代史》说："是书文虽不及欧阳，而事迹较备。"论《宋史》说："自柯维骐以下，屡有改修，然年代绵邈，旧籍散亡，仍以是书为稿本，小小补苴，亦终无以相胜，故考两宋之事，终以原书为据，迄今竟不可废焉。"① 类似的评论，比比皆是，对于读书与治学提供了一些参考资料。

有的目录书在一种图书或一类图书之后往往附以片言只语，涉及读书门径和图书的用途，如《书目答问》正史类注补表谱考证之属下便附注说："此类各书为读正史之资粮"，在李兆洛的《纪元编》下又附注说："此书最便。"这些说法虽然有些过分或过时，但至少可供参考。有些学者的读书记更可以从中了解到他们如何治学，从而取得借鉴。

对若干图书有了简括的了解后，不仅可以比较顺利地担当起图书资料的参考咨询工作，辅导读者，向他们提供需用的图书，而且也可以初步地帮助一些研究者，推荐备选图书，节省他们的翻检之劳。

因此，目录学知识和目录书对于读书和治学是能发挥它所具有的作用的。

由于目录学知识和目录书具有上述的一些作用。因此历来学者对目录学都给予了极大的重视。从刘向以来，历代有许多著名学者都亲自参与目录书的纂集工作和目录学的研究工作。如西汉的刘歆，东汉的班固、傅毅，三国时魏的郑默，晋的荀勖、李充，南北朝时的王俭、阮孝绪，隋的许善心，唐的毋煚、敬播、李延寿、释智昇，

---

① 《四库全书总目》卷四六史部正史类二

宋的晁公武、陈振孙、郑樵、王应麟、马端临，明的杨士奇、焦竑，清的黄虞稷，钱曾、纪昀、孙星衍、黄丕烈等人都是在目录学方面卓有成就的学者。其中如释智昇是最早概括目录学作用，提出个人见解的一人，他在《开元释教录》序中曾说：

夫目录之兴也，盖所以别真伪，明是非，记人代之古今，标卷帙之多少，摭拾遗漏，删夷骈赘，提纲举要，历然可观也。①

清代学者王鸣盛在所著《十七史商榷》卷一首条即标举目录学的重要性说：

目录之学，学中第一紧要事，必从此问途，方能得其门而入②

他在卷二《汉艺文志考证》条中又引当时学者金榜的话说：

不通汉艺文志，不可以读天下书。艺文志者，学问之眉目，著述之门户也。

卷七《汉书叙例》条更进一步强调说：

凡读书最切要者，目录之学。目录明，方可读书，不明终是乱读。

这些议论，不免有偏激、夸张和片面性的地方，对目录学的地位和作用，没有给予恰如其分的评论；因为目录学终究只能起一种辅助作用，而不能视为学问的极致。但是，从他的议论中也可以看

① （唐）智昇：《开元释教录》序
② （清）王鸣盛：《十七史商榷》卷一《史记集解分八十卷》条

到当时重视目录学的风气。

与王鸣盛同时的著名学者钱大昕在他所著的《廿二史考异》卷五中、赵翼在《廿二史札记》卷六中都有《三国志》裴注引用书目专篇。这一方面体现他们利用目录学知识为研究《三国志》和裴注提供了方便，另一方面也说明他们对目录学的重视。

乾嘉时期的另一史学家杭世骏还认为目录书可以补史传的缺漏。他说：

> 经籍之设所以补列传阙漏。班固不为冯商立传而《续史记》则志于艺文；刘昫不为刘蜕立传而《文泉子》则志于经籍。①

近代目录学家余嘉锡先生强调利用目录学著作中解题里的论断来“辨章古人之学术”的重要性，所以，他也认为：

> 目录之学为读书引导之资。凡承学之士，皆不可不涉其藩篱。②

学者们对于目录学的种种见解和不同形式的实践活动，表明了他们重视目录学的态度，也反映了目录学在推动学术工作上的重要作用。

---

① （清）杭世骏：《道古堂文集》卷六《两浙经籍志序》

② 余嘉锡：《目录学发微·目录学之意义及其功用》

第二章

中国史部目录的产生与发展

史籍目录是史籍发展的产物，它是以史籍的发展变化为转移的。同时，社会政治、经济、文化的发展对史部目录的演变也起着制约作用。而史部目录的产生又反过来促进史籍的发展，对政治、经济、文化也有一定反作用。史部目录的职能是揭示、宣传、推荐史籍，它是通过概括史籍源流和区分学术派别的内容，来为人们阅读史籍、研究历史指示路径的，是史学工作者必备的工具书之一。

第一节　史部目录的形成

史部目录产生于史籍发展时期的后期。史籍的产生时期和发展时期的前期，史部目录尚未形成。东汉的班固，根据我国第一部系统目录《七略》，撰成《汉书·艺文志》，成为我国第一部史志目录。这个目录将古籍分为六艺、诸子、诗赋、兵书、术数、方技六类，唯独没有史学一类。史籍被分散在有关的类目中，如《太史公书》(即《史记》)、《楚汉春秋》《汉著记》《汉大年纪》等史籍入于六艺略的《春秋》类，《高祖传》《孝文传》入于诸子略的儒家类。当时无史之独立部类，这反映了第一部目录分类体系的不成熟、不完备，这种状况与史籍的不发达正相适应。尽管《史记》这部编写水平很高的史籍已经问世，可是，整个史学发展尚处初级阶段，史籍数量、体裁种类都刚刚出现增长趋势，在学术界、政治界还没有得到广泛重视，远不如六艺、诸子之学显要。中国学术思想史上，先秦的战国时代，被称为子学时代，两汉被称为经学（即汉学）时代，史学在这个时期还未独立，其重要性尚未被人们认识。因此，反映学术流派的目录，也就不可能为之立类，这合乎事物发展规律。

一、史部目录的逐渐形成

随着史籍的发展，史部目录也逐渐形成。史部目录的形成，有两个基本条件，一是要有足够数量的史籍，二是要有史籍社会地位的提高。关于数量，《汉书·艺文志》共著录图书 38 种，596 家①，13269 篇。(《七略》为 33090 卷)。其中六艺略 103 家，3132 篇；诸子略 189 家，4324 篇；诗赋略 106 家，1318 篇；兵书略 53 家，790 篇；数术略 190 家、2528 卷；方技略 36 家、868 卷②；而《汉书·艺文志》中的史籍有 34 家，1384 篇。其数量多于兵书，似有独立设类之可能。但是，一些史籍尚与经书混合为一类，按章学诚的说法，这种现象属于“经史同科”（见《文史通义·易教上》)。由于

① 《汉书·艺文志》所称的种，系指流派而言。诸子略有儒法等十个流派，则以十种计算。家指师徒授受关系，师长著作，生徒为之做注解、阐述，不论多少本均为一家。

② 后人所补《汉书·艺文志》之数未计入。

史籍门类不备，只能作为经书的分支出现。历史进入魏晋南北朝之后，情况发生了重要变化。史籍数量、体裁、地位皆非昔比。据《隋书·经籍志》所载，著录隋以前图书总计 14466 部，89666 卷，其中史籍达到 874 部，16558 卷，过去的附庸，竟然蔚为大观，有了独立的雄厚基础。由司马迁创立纪传体以后，班固又继承司马迁的成果，开创断代史，从此，纪传断代史史籍以新的面貌出现于书林，并在史籍领域占据了主流地位。《后汉书》《三国志》、十八家《晋书》《宋书》《齐书》《魏书》等大批史籍相继出现，《春秋》一类已无法容纳新体裁史籍，鉴于这种情况，目录学家们必然要考虑为史籍独立设类的问题。

二、史籍地位促进了史籍设类

为史籍设类的更重要的原因是史籍地位的提高。东汉以后，纪传断代史逐渐获得国史、正史地位，受到统治阶级的重视。三国时吴主专门请人念《汉书》给他听。到唐初，唐太宗君臣都直接插手史籍编写，开馆修“五代史”①。太宗亲自为一些纪传写论赞，魏征担任了撰修五史的总监，并亲自动手编写《隋书》。所有这些，都说明史籍地位的提高，已经完全具备单独立类的条件。

第一次为史籍设类的是魏郑默所作《中经》，郑氏仕魏为秘书郎，其作实为四部分类法的起源，有创始之功。

第二次编制四部目录的是晋荀勖，荀氏为晋侍中，拜中书监，进光禄大夫领秘书监，与中书令张华校书十万余卷，“因魏《中

① “五代史”指南北朝时的梁、陈、齐、周、隋五个王朝编撰的正史。

经》，更著新簿，虽分为十有余卷，而总以四部别之。”（见阮孝绪《七录序》，载《广弘明集》卷三、严可均《全梁文》卷六十六）荀勖的《中经新簿》也把图书分为四部，一曰甲部，纪“六艺”“小学”等书；二曰乙部，有“古诸子”家、“近世子”家；三曰丙部，有“史记”“旧事”“皇览簿”“杂事”；四曰丁部，有“诗赋”“图攒”“汲冢书”。“大凡四部合二万九千九百四十五卷。”（见《隋书·经籍志序》）这里的丙部，即是独立的史籍大类。由于荀氏初变部类，分类仍显不精，《汲冢书》中有的书是属于编年史籍的，而入诗赋，显然是失之粗疏。

第三次编制四部目录的是晋李充，李氏历任丞相掾记室参军、剡令、大著作郎、中书侍郎，“于时典籍混乱，删除繁重，以类相从，分为四部，甚有条贯，秘阁以为永制。五经为甲部，史记为乙部，诸子为丙，诗赋为丁部。”（臧荣绪《晋书》，载《文选·王文宪集士注》）这就是《晋元帝四部书目》。书目问世之后，“世相祖述”（《七录序》），“无所变革”（《隋志》），直至清代，《四库总目》仍然沿革李充之法。由此可见，李充实为四部目录的奠基者。将史籍提高到乙部地位，也应归功于李充。史籍在目录中的地位由此奠定。

四部分类法代替七分法，势在必行。然而，在南北朝时期四分法地位尚未巩固，七分法仍然流行。刘宋王俭作《七志》，梁阮孝绪作《七录》，就是沿用七分法编制的书目。王俭拜驸马都尉，历任秘书郎、太子舍人、秘书丞、黄门吏部郎。宋后废帝时撰成《元徽四部书目》4 卷，著录图书 15704 卷。同一年，王氏又表上《七志》（又名《今书七志》），取消史部，史部复入“经典志”，另立“史记”“杂传”子目，与六艺”“小学”并列。二为“诸子志”，记古今诸子。三为“文翰志”，记诗赋。四为“军书志”，记兵书。五为“阴阳志”，记阴阳、图纬。六为“艺术志”，记方技。七为“图谱志”，记地域及图书。另外附录佛、道，共设九类。

《隋书·经籍志》在评《七志》时说：“不述作者之意，但于书名之下，每立一传，而又作九篇条例，编乎首卷之中。文义浅近，未为典则。”汪辟疆在他的《目录学研究》一书中认为，王俭另造书目，是由于《元徽四部书目》“学术源流无从考索，乃别纂《七志》，以规《别录》《七略》之旧。又不尽依刘例，其斟酌损益之间，具见用意之深远，可谓不泥古矣。”姚名达认为《七志》能尽《七略》之所长，善补《七略》之所阙。新增佛、道二录，也是独步古今。

阮孝绪，梁处士，出身官僚地主的士族家庭，但他终身不仕，放弃遗财百余万，一心为学，以清高隐逸而有名声。他沉静寡欲，笃好坟史，博采齐以来王公之家，凡有书记，参校官方书目，创制《七录》。

七大类：一是经典录，记六艺；二是记传录，记史传；三是子兵录，记子书、兵书；四是文集录，记诗赋；五是技术录，记数术；六是佛录；七是道录。《七录》虽为七分法，但未袭《七略》，比《七略》更加完善处，在于设立记传这一大类，著录史籍多达 1020 种，14888 卷（见《古今书最》）。大类之下分 12 类目，其规模可谓宏远，实在是目录史上的创举。《七录》虽为七分法，似乎是承续《七略》的，其实，《七录》的分类方法远优于《七略》，仅以史籍 12 类目而论，不仅前所未有，而且也为后来四部目录中史部分类奠定了根基。《隋书·经籍志》基本上沿用《七录》12类目名称。因此，《七录》在史部目录的形成过程中，对史部各类目的确立，起到了奠基作用。

从郑默到阮孝绪，中间经历三百多年历史，其间书目事业是相当兴盛的，四分法、五分法、七分法交相出现，十分活跃。然而史部目录依然处于形成阶段，史部尚未正名。四部目录中有甲乙丙丁之分，而未有史部之名，直至《隋书·经籍志》才以经史子集代替甲乙丙丁，史部才有了正式名称。《隋书·经籍志》是由魏征主持完成的，它是我国现存的第二部最古的综合目录，著录了14466部、89668卷隋代以前图书，是研究我国上古、中古时期书籍的重要参考工具。《隋书·经籍志》初名为《五代史志》①。

宋代合入《隋书》，故有今名。《隋书·经籍志》设立史部不是偶然的，而是三百多年间史籍发展的必然产物，也是各种官修、私撰书目演变的结果，它是以《中经新簿》《晋元帝四部书目》《七志》《七录》，以及隋代《大业正御书目》为基础形成的，它是几代人的创作结晶。《隋书·经籍志》史部下设13类目，基本沿袭了《七录》“记传录”的类目，只新增一目，另有四目改名。《隋书·经籍志》分类合理与否，姑且不论，但就其小序而言，很有值得称道之处，可与《汉书·艺文志》媲美。如史部之下，有一段设立史部缘由的说明：“夫史官者，必求博闻强识、疏通知远之士，使居其位。百官众职，咸所贰焉。是故前言往行，无不识也。天文地理，无不察也。人事之纪，无不达也。内掌八柄，以诏王治。外执六典，

---

① 《五代史志》指《梁书》《陈书》《北齐书》《周书》《隋书》五史的合志，总记五朝制度。

以逆官政。书美以彰善，纪恶以垂戒。范围神话，昭明令德。”这是对吏官的职责、史籍的价值所做的最高评价，反映了史籍政治地位的提高，也充分说明史部独立设类的必然性和必要性。由此可见，《隋书·经籍志》是史部目录形成的标志。

第二节　史部目录的沿革

史部目录在综合性书目中的地位确定之后，基本上是沿着两条轨道演变发展的：一条沿正史艺文志发展，一条沿综合性藏书目录发展。轨道虽是两条，其方向却大体一致。

一、正史艺文志的发展

正史艺文志中的史部目录，我们可称它为史志史目。这类史目始于《隋书·经籍志》，终于《清史稿·艺文志》。其他政书、类书、方志中的史目也属这一类型。

《旧唐书·经籍志》，乙部为史，其下又分13类：一正史，记纪、表、志、传体裁的史籍。二古史，记编年系事之史籍。三杂史，记异体杂纪。四霸史，记伪朝国史。五起居注，记帝王言动。六旧事，记朝廷政令。七职官，记官制。八仪注，记吉凶行事。九刑法，记律令格式。十杂传，记人物。十一地理，记山川郡国。十二谱系，记世族继序。十三略录，记史策条目。总计844部，17946卷①。

《新唐书·艺文志》，类目与《旧唐书·经籍志》基本相同，凡13类，只是将《旧唐书·经籍志》中的古史改成编年类，其余均依《旧唐书·经籍志》。总计857部，16874卷。不著录358家，12327卷。《新唐书·艺文志》与《旧唐书·经籍志》的不同之处，类目设置方而稍有区别。《旧唐书·经籍志》只有大类和二级类目，《新唐书。艺文志》出现了三级类目。如正史类中，有“集史”子目，梁武帝《通史》、姚康复《统史》入此。在起居注中有“实录”“诏令”两子目。在杂传记类有“女训”子目。子目的出现，反映了史部目录的进一步改进。

《宋史·艺文志》，史部13卷，总计著录图书2147部，43109卷。新增了别史、史钞两个类目，改易名称二项（将杂传改为传记，伪史恢复为霸史），删去居起注，并入编年类。其他仍依旧。

《补宋史－艺文志》史部分18个类目：一国史（记朝廷敕编当代史）；二正史；三通史《记通辑历代之史》；四编年；五杂史；六霸史；七史学（记史评、史论）；八史抄；九故事；十职官；十一时令；十二食货；十三仪注；十四政刑；十五传记；十六地理；十七谱牒；十八簿录。实际上缺国史、政刑两类。计著录图书85家，2749卷。

《卢补辽金元艺文志》史部分16类，基本同《补宋史·艺文志》18类目，其中只少时令、通史两项。总计著录294家，6455卷。

《钱（大昕）补元史艺文志》史部分14类：一正史，二实录，

---

① 《旧唐志·叙目》所列13类目顺序、名称与此有异。叙目称略录为目录，排在11位，称旧事为故事。杂传为第八项，仪注为第九项，刑法为第十项。

三编年，四杂史，五古史，六史钞，七故事，八职官，九仪注，十刑法，十一传记，十二谱牒，十三簿录，十四地理。

《明史·艺文志》史部分10类，只记明朝一代史籍，历代史籍概不著录。正史类中包括纪传、编年史。其余九类为杂史、史钞、故事、职官、仪注、刑法、传记、地理、谱牒。总计著录图书1259部，27625卷。

《清史稿·艺文志》史部16类，只著录清代史籍。其类目为：正史、编年、纪事本末、别史、杂事、诏令、传记、史钞、载记、时令、地理、职官、政书、目录、金石、史评。总计著录史籍2466种、169884卷。《清史稿·艺文志》史目是封建社会最后一部史志史目，与历代史目相比较，是最完善的。纪事本末、载记、政书、金石等类目，反映了史籍的发展，也反映了当时历史科学研究的特色。《明史》《清史稿》史目中均无伪史、霸史类目，而以载记代之，是对汉族政权为正统，以少数民族政权、割据政权为伪、霸观念的否定，反映了清王朝的意志。这也说明史目的演变不仅与史籍发展水平有关，而且受当时政治思想制约。

《通志·艺文略》，宋郑樵撰。《通志》从体裁上看，属于纪传体通史。因此，《通志·艺文略》也可以视为史志史目。《通志》二十略是研究历代政治、经济、文化制度的重要参考工具书，因此，人们又据此把《通志》列为政书，与《通典》《文献通考》合称三通。《通志·艺文略》史部设13个类目，有正史、编年、霸史、杂史、起居注、故事、职官、刑法、传记、地理、谱系、食货、目录。共著录史籍2298种、37613卷。郑樵一个人能撰成如此综合性大型书目，与官修《宋史·艺文志》不相上下，可见其用功是极深的。在那样低劣条件下，能完成《通志·二十略》巨著，实在是了不起的。那种把《宋史·艺文志》的弊端全归罪于郑樵的观点也是站不住脚的。

《文通考·经籍考》，马端临撰，史部只设五个类目：正史、编年、起居注、杂史、传记。《经籍考》和《艺文略》一样，不是直接著录史籍，也是依据多种书目撰成的。他说："今所录先以四代史志列其目，其存于近世而可考者，则采诸家书目所评，并旁搜史传、文集、杂传记、诗话，凡议论所及，可以纪其著作之本末，考其流传之真伪，订其文理之纯驳者，则具载焉。"究竟参考了多少书目，已不可确知，仅依自序所及，至少有《崇文总目》《郡斋读书志》《直斋书录解题》是马氏使用过的。

二、综合性藏书目录的发展

第二条轨道是依综合性藏书目录而存在和发展的。综合性藏书目录可分官方藏书目录、私家藏书目录两种。

一般情况下，官修藏书目录是在大规模校书之后，才编撰书目的。其体制严格遵守四部分类法，其类目接近史志目录。而私修书目，只是著录私人藏书，以个人力量校雠，其分类亦不离四部。在史部类目设置方面，很多类目是有创造性的，没有局限于史志史目的设类范围。特别是明，清藏书家所立史部目录，更为突出。因此，有的史学家称史志史目为"史目正录"，其方法为"正史派分类法"；把一部分不守正史分类法藩篱的史部目录称为"史目别录"（见郑鹤声《中国史部目录学》第四、第五，1956 年版）。这样区分史目，固然有一定道理，但还是有一些难以解决的问题。首先是区分正录、别录的标准很难掌握，是以整体书目分类方法划分，还是根据类目的设立划分？如《通志·艺文略》，就整体来说，它不是四分法，而是将图书分为 12 大类，显然不属于“正史派分类法”，但是其史部目录中的类目却与史志目录设立的类目是接近的。类似这种情况还有很多。用正录与别录是无法确定其归属的。所以我们采用史志史目与藏书史目这两个概念，来探讨史目演革。但是，也不能说这是完善的，还有待继续研究。

我国第一部综合性藏书目录是《七略》。南北朝时期也出现过一批，可惜均亡佚。保存至今的较有影响的官方藏书目录，还有宋代的《崇文总目》、焦竑《国史·经籍志》《玄渊阁书目》《四库全书总目》。私人藏书目录著名的有：《郡斋读书志》《直斋书录解题》《遂初堂书目》《万卷堂艺文记》《世善堂藏书目》《百川书志》《千顷堂书目》《澹生堂藏书谱》《读书敏求记》《述古堂书目》《传是楼书目》《孝慈堂书目》《好古堂书目》《振绮堂书目》《孙氏祠堂书目》等等。这些书目大多数是采用四分法的，史部类目与正史史志类目大同小异。我们不称“史目别录”，而称“综合性藏书目录之史目”。史志史目一般附在正史、别史、政书、类书之中，藏书目录一般是单行的。

史志史目一般记历代史籍之有无（明、清史除外），而藏书目录只限于现存图书。从发展倾向来说，私人藏书目录比较活跃，有不少是冲破了四分法的，尤其是《孙氏祠堂书目》最为典型，全书分 12 类，第 7 类为史学，史学之下有 8 个类目。其他书目中，设类目最多的《孝慈堂书目》多至 31 类，《传是楼书目》达 37 类，都不受四部分类之限，各有其特色。

第三节 目录学理论方法的发展

我国唐宋时代官修目录、史志目录和私人藏书目录都表现出了兴盛繁荣的气象。专科目录的水平在和上述三种目录的比较之下是差一些的，但较前一时期也有所进步。特别值得注意的是指导阅读书目的出现，标志着这一时期内的目录工作开始向着扩大普及的方面发展，而《通志·艺文略》《玉海·艺文》和《文献通考·经籍考》的出现则标志着具有高深和综合性的参考目录更有提高。在这些多种类型和多种形式的目录的编制实践过程中，目录学的理论与方法也就必然有所发展与提高。其中有许多目录学家不但用简单的语言说出了他们的心得，还遴出了像郑樵《校雠略》那样的关于目录学理论和方法的专门著作。兹分为目录的功用、分类原理、著录方法和提要或解题的编写方法和运用法四项，简略地阐述如下：

一、目录功用

凡是编制目录的人都是善于使用目录的人。因此，凡是对于目录具有丰富实践经验的目录学家，对目录的功用一定是认识得很清楚。

智昇是《开元释教录》的著者，当他著成了《开元释教录》获得了极丰富的实践经验以后，自序如是说："夫目录之兴也，盖所以别真伪，明是非，记人代之古今，标卷部之多少，摭拾遗漏，删夷骈赘。欲使正教纶理，金言有绪，提纲举要，历然可观也。”这对于目录学的内容和做法、目录的功用说得很全面，也很透彻。这几句话虽是说于1200年前，但到今天还有着许多的现实的意义。

毋煚是《古今书录》的著者，他参加过《群书四部录》《唐六典》的纂修工作。他在《古今书录》的自序中也说到了目录的功用。他说：“夫经籍者开物成务，垂教作程，圣哲之能事，帝王之达典。而去圣已久，开凿遂多，苟不剖判条源，甄明科部，则先贤遗事，有卒代而不闻，大国经书，遂终年而空泯。使学者孤舟泳海，弱羽凭天，衔石填溟，倚仗追日，莫闻名目，岂详家代，不亦劳乎？不亦弊乎？将使书千帙于掌眸，披万函于年祀，览录而知旨，观目而悉词，经坟之精术尽探，贤哲之睿思咸识，不见古人之面，而见古人之心，以传后来，不甚愈已！”毋煚的辞句比智昇更精辟一些，是由于他的实践经验、体会认识也比智昇更多一些。智昇、毋煚的话比起前一时期王充说的“虽不尽见，旨趣可知”，基本意义是相同的，辞句的力量就深邃得多了，这正反映着这一时期对于目录功用的认识比前一时期进步的地方。

智昇、毋煚的认识，逐渐成为这一时期内一般目录学家和经常利用目录做参考的读书人普遍的思想认识，这对于使用目录并发挥出它的积极作用，具有重要意义，直到马端临做《文献通考·经籍考》仍然说是为了“殚见洽闻”的功用而作的。

二、分类原理

我国图书分类学自从刘询、刘歆奠定基础以后，便有迅速而长足的发展。我国目录工作在整个封建社会时期都走在了世界的前面，其主要原因应该归功于分类学。分类学在中古后期仍然是它的重要发展阶段。这一时期的一开始，魏征定下了“离其疏远，合其近密”的原则，直到郑樵又极其通俗明显地指出分类最基本的地方，就是“一类之书，当集在一处，不可有所闻也”。从魏征到郑樵，中间的发展步骤，是愈说愈明，愈做愈清。

自从魏征奠定了四分法的基础，提出了八字原则，经过了100年，到开元时代纂修《群书四部录》和《唐六典》的时候，魏征所分的四部和40个类目虽说还没有变化，但当时目录学家毋煚、韦述等已经建立起来，他们在工作实践中，给40个类目制出了每一类的四字定义，对于指导编目，普及分类学思想起着很大的推动作用。到了毋煚自编《古今书录》的时候，就开始更动魏征的四十个类目了。北宋时代，在馆阁中培养了一批青年目录学家，他们的工作和思想又比毋煚前进了一步，可惜的是，他们囿于馆阁中的成规，没有做出较大的改革。但是由于他们受着时代的影响，在思想上有了新的认识，遂发展成为编制私人藏书目录的风气，在为自己编制藏书目录的时候，可自由地发挥意见了。

从此以后，私人藏书目录出现了下列三种情况：第一种是不顾官修目录的成规，为自己建新的体系，更好地反映当时流通的现实图书，如李淑的《邯郸图书十志》分成了8个大类，莆田《郑氏书目》分成了7个大类，郑樵总古今有无之书，编成《群书会记》（即后来的《通志·艺文略》），分成12个大类，82个小类，400多个第三位类，都是抱着对官修目录四分法做彻底改革的企图，郑樵遂成了我国封建社会时期分类学的巨擘。

第二种是对四分法的修正派，即不打破四部，仅对其中的某些子目做增置、后易或合并。这一类人很多，可以陈振孙为代表。

第三种是仅仅遵守官修目录的方法，所以，也就没有什么新的成就。

郑樵建成的新的分类体系是最杰出的一种。他把分类表发展到第三位类，建成一个更系统更详细的分类表，是我国分类学史上的一大突进。可惜后人没有继续发展，直到西方欧洲国家的分类表输入，才建成了更完整的体系。但郑樵实际上已经进入那种完整体系的大门，郑樵的开创之功是我们永远不能忘记的。郑樵对于图书的分类不但有长时期的具体实践，并且建成系统的分类表，对于分类的理论也有很深的见解。郑樵对于揭露图书内容、反映图书思想有独到的方式方法。他不主张过多过泛地编写提要，主张尽可能利用分类的方法。他认为应该正确细致地做好图书分类，“随其凡目，则其书自显”。读者自可“睹类而知义”，而且“类例既分，学术自明”。郑樵这样地把图书分类与学术源流统一起来，虽说没有正式提出“辨章学术，考镜源流”，实际上就是“辨章学术，考镜源流”的具体做法。

三、著录方法

这一时期内的著录项目，版本还没有提到重要地位，主要是指著录书名和撰人的方法。

从汉至唐，最普通的著录方法是以书名为主，独占一行，然后注撰人姓名于下，有的在撰人姓名上，还标识着朝代和官衔（当别集产生以后，撰人姓名与集名一致，遂不再注撰人，以免置撰人于集名之上）。宋初，欧阳修重修《新唐书·艺文志》，对于撰人姓氏都和别集一样，一律提在书名之上，改变了我国传统的著录方法，著录方法的问题才引起了目录学家的关注。

我们知道，中国是以书名为主，而外国是以撰人为主。在书本目录中一书一行的著录法，如果是以撰人为主，而在撰人的姓名下又不知用逗点或冒号把人名和书名分开，就会造成混乱。所以郑樵在《新唐书·艺文志》出版以后就提出了批评。他在《校雠略》内写了“不类书而类人论三篇”。郑樵所谓“类书”，是指的以书名为主的著录方法，“类人”，是以撰人为主的著录方法。他认为过去的目录都是“类书”，欧阳修改为“类人”，就带来了一些弊病。郑樵指出：《新唐书·艺文志》的别集类著录了令狐楚的《漆奁集》130 卷，《表秦集》10 卷，又陆龟蒙的《诗编》10 卷，《赋》6 卷，这样，把文集和表奏，诗和赋放在一起造成分类上的不恰当，他认为都是由于在著录上采用了“类人”的方法。他的意见是：文集与表奏各自为类，诗与赋也不是一类，文集应入别集类，诗应入诗集类，赋应入赋集类，正是由于以撰人为主了就不加分别，那是不对的。

《新唐书·艺文志》的杂传类，有管辰《管辂传》2 卷，李邕《狄仁杰传》3 卷，李翰《张巡姚訚传》2 卷，也都是以撰人为主，也就是“类人”的，郑樵指出这一方法的缺点说：“《唐志》以人置于书之上而不著注，大有相仿。如管辰作《管辂传》3 卷，唐书文例去作字，则书曰管辰管辂传，是二人共传也。如李邕作《狄仁杰传》3 卷，去掉作字则当曰李邕狄仁杰传，是二人共传也。又如李翰作《张巡姚訚传》3卷，去作字则当曰李翰张巡姚訚传，是三人共传也。”在目录没有使用标点以前，或没有使用卡片分行著录以前，像这样的弊病是值得注意的。

四、提要或解题的编写法和运用法

中古前期是编写提要的衰微时期，而中古后期则成为提要的兴盛与繁荣时期。前一时期的衰微，表现在官修目录、史志目录都采用了简单著录方式，没有提要。虽说如此，也有向着新方向发展的趋势，如《七志》《七录》在补充与改革官修目录的要求下，都有简单的提要，而王俭采用了为撰人“每立一传”的传录体方式。传录体是从晋宋时代的文章志来的，并且代表着编写提要的新方式。梁代佛经目录在进一步发展的时期，僧祐使用了“述列传，总经序”的方法，到后来又发展成为辑录体。可见中古前期的提要学还是有一些发展的，但没有达到相当高的质量，后人就觉着失掉《七略》《别录》的水平了。

唐宋时代所以成为我国目录学史上提要学最发达的时期，是由于不但序录体的提要有很大的发展和提高，传录体特别是辑录体也都有长足的发展和进步。在各种体裁提要的运用上，都能针对读者对象以揭露图书内容，所使用的语言文字，所着重的问题和撰人事迹，比刘向《别录》更符合于目录学上的要求，这才是提要学上的主要成就。宋代的官修目录、史志目录和私人藏书目录内所有的提要，大致能够针对某些书内有应揭露的地方，某些撰人事迹，某些书的物质条件有应解释的地方，都做了必要的揭露、解释与反映；

反之，凡不需要揭露、解释与反映读者就能明白的地方，就不写提要，甚至简单到只著撰人姓氏，绝不多事铺陈。当然，其中也有一些不好的地方，如不精辟或泛释的地方。

郑樵在《校雠略》内针对当时编写提要的发展情况，写了五篇评论——《泛释无义论》一篇，《书有不应释论》三篇和《书有应释论》一篇，都很精辟。郑樵反对用提要泛释书籍，说些没有用的话，就失掉了提要的作用。他明确指出，写提要的人若是抓不住图书内容的重点，或者不需要提要的地方写了提要，“强为之说，使人意怠”。还以写的《太平广记》的提要做例子，他说，《太平广记》的特征是“专记异事”，《崇文总目》若是要写《太平广记》的提要，就应该抓着这一点，但是《崇文总目》并“不及此意，但以谓博采群书以类分门”：凡是类书皆是博采群书，以类分门，给《太平广记》写出这样“泛释无义”的提要，那有什么意义呢？因此，郑樵提出，“书有不应释”的就不必写提要，“书有应释”的才写提要，那样的提要对读者就能真有作用了。他的意见是，“《唐志》有应释者而一概不释谓之简，《崇文》有不应释者而一概释之谓之繁，今当观其可不可”。这些评论和意见对于把宋代的提要学再提高一步，是有着很大的指导意义的，可惜有许多人不能体会郑樵这一评论的积极意义。

由于唐宋时代目录提要的发展与各种类型目录的兴盛，积累了极其丰富的目录资料（指提要）。到了南宋末年，王应麟、马端临就有了深厚凭藉来发展辑录体的提要。编目录的人即便自己不撰提要，而能利用现有的目录资料，就能编出像《玉海·艺文》和《文献通考·经籍考》那样具有丰富参考价值的系统参考自录。编写与运用提要方式、方法发展的地步，表现出了我国提要学的繁荣。

第三章

北宋时期图书整理与目录工作

北宋目录学对明清以来的目录学产生了重要的影响。清代《四库全书总目》中将金石类著作列入目录类中，显然是受到这种思想的影响。北宋目录学家敢于突破传统学术思想藩篱的创新思维，对目录学自汉代以来形成的固有模式进行变革，这是目录学核心思想的重要改变，给目录学家带来了思想启发，对目录学向更为广阔的空间发展有着重要的影响。

第一节　国史馆、民间目录开出新创举

北宋时期，从总体上讲是书在官府，整理藏书、编制目录皆由中央政府主导，史馆、昭文馆、集贤院、秘阁等三馆四库的校书编目，构筑起官修目录学的兴盛。但随着书籍与读书人的增加，私人藏书渐多，目录工作由官府垄断的局面开始受到冲击，民间目录事业悄然兴起。

一、馆阁藏书整理与官修目录兴盛

北宋享国160余年（960—1127），目录工作主要由官府承担，基本围绕着搜集整理藏书和官修史书两大工作进行。

国家主持组织大规模的图书搜集、整理工作，是依隋唐以来的惯例进行的。宋代立国于乱世之中，盛唐好不容易积聚的秘阁图籍散佚殆尽，太祖乾德六年（968），编《史馆新定书目》四卷，著录图书仅14409卷，到太宗太平兴国三年（978）创建崇文院，集合六库书籍正副本，总共才八万卷。太宗赵光义认为，“教化之本，治乱之原，无书籍何以取法?”① 遂下令比照唐代《开元四部书目》，搜访天下遗书。藏书既多，乃由掌管修史、藏书、校书之职的史馆、昭文馆、集贤院（合称三馆）置修撰、检讨、校勘等官员进行整理。后又增建秘阁，设校理等官掌管图书。三馆外加秘阁，通称崇文院，各有书库，人称三馆四库、崇文院六库。太宗一代（976—997）藏书，到咸平元年（998）由真宗皇帝下诏，由朱昂、杜镐、刘承珪“整比，著为目录”②。两年之后，杜镐等奏上所编《馆阁图籍目录》，皆升官。自太宗以下，历真宗、仁宗、英宗、神宗、哲宗、徽宗六代，北宋还有五次较大规模的整书编目工程，分述于下。

真宗皇帝曾在宫中增建太清楼、龙图阁、玉宸殿用以藏书。咸平五年（1002），以太清楼藏书尚有舛误而未雠对，令刘均、聂震等七人到崇文院校勘编目，至景德元年（1004）完成《太清楼四部书

① 王应麟:《玉海》卷五二《书目藏书·太平兴国三馆四库书籍、崇文院六库书籍》。
② 王应麟:《玉海》卷五二《书目藏书·咸平馆阁图籍目录》。

目》，所著录的图书分为经、史、子、集四部，前置太宗“圣制诗”、书迹等，共25192（一作24162）卷①。今《宋史·艺文志三》有《太清楼书目》4卷，或即此书之别称。景德四年，真宗以玉宸殿藏书8000卷太少，馆臣随后增群书至11293卷，另加太宗御集御书752卷②。今《宋史·艺文志三》有《玉宸殿书目》4卷，或即当年所编。大中祥符二年至三年（1009—1010），真宗曾多次带近臣、亲王到龙图阁观书，其时阁中藏书分经典、史传、子书、文集、天文、图书六阁，前置太宗御制御书并文集，总共34573卷（或除去御制等，只记六阁书为29714卷），皆著录于《龙图阁书籍图画目》③。《宋史·艺文志三》有北宋人杜镐《龙图阁书目》7卷，当即此书。祥符三年，王钦若受命选官详校道家经典，至九年始成《道藏经》4359卷，总为目录，真宗赐名《祥符宝文统录》④。

仁宗皇帝也曾多次搜访遗书并整理编目。景祐元年（1034），以三馆秘阁藏书缪滥不全，命翰林学士张观、知制诰李淑、宋祁等人整理，定其存废，删其重复，补写缺失，校对文字，至三年，共校经、史、子、集四部书2万余卷。又仿《开元四部录》及《国史艺文志》，著为目录，至庆历元年（1041），终成《崇文总目》66卷，著录图书3445部，计30669卷，此为北宋官修目录之集大成者。宝元二年（1039），诏定阴阳禁书，学士院、司天监同定《禁书目录》1卷，此为禁书有目之始。嘉祐四年（1059），采用正言官吴及的建议，再次进行大规模的校书，到六年十二月上新写黄本书6496卷，

---

① 王应麟：《玉海》卷五二《书目藏书·景德太清楼四部书目、嘉祐补写太清楼书》。
② 王应麟：《玉海》卷五二《书目藏书·景德玉宸殿藏书》。
③ 王应麟：《玉海》卷五二《书目藏书·祥符龙图阁四部书》。
④ 王应麟：《玉海》卷五二《祥符宝文统录》。

补写白本书2954卷。次年，诏以所写黄本书、黄本印书共15393卷送昭文馆，七史版本464卷送国子监收藏，此为这次开局校书的成果。为配合这次校书，曾诏令访募异本，广开献书之路，并刊《嘉祐搜访阙书目》1卷，以为凭据①。《崇文总目》著录目录书19部，自《符瑞图目》至《学士院杂撰目》，虽不知成书的具体年代，多为仁宗朝或以前的官修目录，记录着当年目录工作的盛况。

神宗为北宋最有作为皇帝，对书目工作也曾关注。据《中兴书目》记录，熙宁七年（1074），中央最高学府完成《国子监书目》1卷，著录图书125部。元丰三年（1080），配合机构改革，罢去馆职，将崇文院归入秘书省，设秘书郎掌秘阁经籍，设校书郎掌校定编辑。

哲宗元祐二年（1087），秘书省将秘阁所藏黄本比较《崇文总目》，设局补写，当时曾“别造书目”②，予以登录。《宋史·艺文志三》有《秘书省书目》2卷，或即当年之书。

徽宗崇宁二年（1103），秘阁整理藏书，有写成书2082部，未写者1213部，阙卷凡二百八十九，限期缮写。历大观而至政和七年（1117），始由校书郎孙觌等奏进目录1卷，赐名《秘书总目》。该书比之《崇文总目》，著录多出数百家，几万卷。宣和四年（1122），又建“补辑校正文籍所”，整理馆阁藏书，凡6705部，计73877卷③。

---

① 以上仁宗朝整数编目情况，参见王应麟：《玉海》卷五二《景祐编三馆秘阁书籍》以下各条。

② 王应麟：《玉海》卷五二《书目藏书·元祐秘书阁书目》。

③ 徽宗朝情况，参见王应麟：《玉海》卷五二，姚名达：《目录学年表》《中国目录学史》，上海书店影印商务印书馆《中国文化史丛书》本。

以上由政府出面组织实施的图书整理工作，以国家三馆秘阁全部藏书为对象，而且尽量搜罗天下散佚之书，基本上可以称作当年的全部图书，将如此众多的书编制出目录，其著录的范围就十分广泛、全面，此其一。

其二，对基本完备的图书，皆进行了包括考定优劣、剔除重复、查漏补写、校正抄录、整比部类、登记著录、造具目录等为主要内容的整理工作，这种工作按其性质基本上可以分为校书和编目两道工序，但又难以截然分开，此为官校书和官修目录的密不可分性、严肃性和权威性。

其三，国家的校书编目工作，从立国之初的太祖、太宗开始，就连续不断地进行，每隔一定的时间就进行一次，其结果是形成了一个连续的系统的国家藏书目录，能够及时反映国家的藏书状况，基本上可以为主持“教化”“治乱”的政府提供“取法”之本，达到了宋太宗赵光义当年提出的要求。

其四，如此大规模地连续不断地进行校书编目工作，也反映当年的主事人已经全然了解到，无论馆阁藏书达到多大的规模，总是不可能收尽天下图书，而且随着印刷技术的进步，新的图书随时都在增加，国家只有不断跟进，不断搜罗、整比、编目，才能使其书藏和目录保持权威性和完备性，此为认识并掌握书目工作规律的表现，是目录学事业的进步。

其五，每次整书编目，除固有的馆阁官员如修撰、校理、检讨、校书郎等人之外，又在全国范围内选调有图书著录经验的专家参加，成立“补写书籍书”“补正校辑文籍所”之类的编纂机构，合并利用政府各馆、阁、楼、殿所藏之书，外加广开求书之路所得之民间珍本秘籍，它既扩大了自六朝隋唐以来的国家正御本的范围，使参考、比较、选择图书的余地更为广大，也更集中发挥出目录学专家的特长，如此形成的以《崇文总目》为代表的包修目录自然就成为目录学著作的精品，并且为同时代的史志目录编制工作提供了直接的材料和间接的工作经验。

宋承唐制，一直重视史书的编修，建国之初即设史馆，由宰相兼领其事，并专置修撰、直馆、检讨等职，主管日历、国史的编纂和图书典籍的收藏。史馆有四库藏书，是馆阁中最重要、藏量最多的地方，其校书编目的工作前已叙述，此不赘言，这里要讲的是它所从事的编修当代史书时所做的目录工作。日历和后世的起居注有类似之处，以每日为单位记录国家大事、皇帝生活等，繁复庞杂，可以不论。国史则以一个或几个皇帝为单位，分纪、传、志、表等记录其时大事，一般都有艺文志记其图书目录。据记录，北宋有三部国史有艺文志，兹将其情况简介如下。

吕夷简等人编修的《三朝国史》155 卷，记述宋太祖、太宗、真宗三朝历史，有《艺文志》著录建隆至大中祥符（960—1016）年间的政府藏书情况。其藏量在《两朝国史·艺文志序》中作 36280 卷，《宋史·艺文志总序》则作 3327 部，39142 卷①，稍有不同，但差别不大。其所依据的主要资料是历代官修的目录，如《史馆新定书目》《馆阁图籍目录》《龙图阁书目》《太清楼书目》《玉宸殿书目》等。

王珪等人编纂的《两朝国史》120 卷，记仁宗、英宗两朝事，有《艺文志》记录北宋中期 40 余年的藏书情况，著录了《三朝国

① 《宋史》卷二〇二《文艺志一》。

史、艺文志》未收的新书 8494 卷（《宋史·艺文志总序》记作 1472 部，8446 卷）。它主要是根据庆历《崇文总目》和崇文院新补充的其他图书资料，“除前志所载，删去重复讹谬”而成。

李焘、洪迈等人编修的《四朝国史》350 卷，记神宗、哲宗、徽宗、钦宗四朝事，设《艺文志》记其藏书。这部《国史》虽成书于南宋，但《艺文志》则出自李焘之父李舜臣之手，成于两宋之际，其序称：“今见于著录往往多非曩时所访求者，凡一千四百四十三部，二万五千二百五十四卷。”这说明《四朝国史·艺文志》不是根据《秘书总目》，而是综合参考了神、哲、徽、钦四朝所编的各种书目编修而成的①。

编修《国史·艺文志》，记载当代藏书情况，是宋代国史馆对目录事业的一项贡献。如此连续不断的当代史志目录，既不见于前代，也罕见于后世，可以视作北宋目录工作的一项创举。

除了编制当代史志目录外，国史馆还曾负责整理前代的图书目录，其主要成果是欧阳修、宋祁的《新唐书·艺文志》。此书成于嘉祐五年（1060），主要是由欧阳修对成于唐代的《古今书录》和成于五代的《旧唐书·经籍志》进行勘比修订，并以“未著录”的形式，将其所知见的唐人著作 28469 卷（据实统计为 27127 卷）补入，实开清代补修史志目录之先河，是目录学发展史上的新动向、新贡献。

① 以上三部史志书目的情况，参见王重民：《中国目录学史论丛》第 110 页，中华书局，1984 年。

二、民间目录事业的兴起

北宋时期，从总体上来讲是书在官府，整理藏书、编制目录的工作基本由政府主导，其情况已如上述。随着书籍及读书人的增加，民间的私人藏书渐渐多了起来，书籍作为一种显贵的身份性标志已出现下移之势，这和文化的整体性下移之势是一致的。伴随着藏书下移的是目录工作的不再由官府垄断，民间出现了一些反映私家藏书的目录。兹将确考为北宋时期的私家目录介绍如下：

《邯郸书目》10 卷（又作《邯郸图书十志》），李淑撰。李淑，字献臣，号邯郸，丰县人。真宗时进士，累迁龙图阁学士。博习群书，对朝廷典故掌握丰富，为时所称。景祐元年（1034）曾以知制诰身份和张观、宋祁、欧阳修等整理三馆秘阁藏书，至庆历元年十二月乙丑（1042 年 1 月 18 日）始成《崇文总目》。本书成于皇祐元年（1049）年，后于《崇文总目》8 年，晁公武《郡斋读书志》著录，称“载其家所藏书五十七类。经、史、子、集通计一千八百三十六部，二万三千一百八十六卷。其外又有《艺术志》《道书志》《书志》《画志》，通为八目”①。按《皇宋文鉴》卷八六有李淑《邯郸图书十志序》，载其藏书编目缘由甚详，可资参考。此书在《直斋书录解题》《遂初堂书目》《通志·艺文略》《玉海》《宋史·艺文志》中皆著录，唯书名、著录书数等稍异，详见今人孙猛《郡斋读书志校证》卷九。

① 晁公武撰，孙猛校证：《郡斋读书志校证》卷九，第 405 页，上海古籍出版社，1990 年。

《邯郸再集书目》30卷，李德刍撰。德刍为李淑之三子，他继承父业，撰成此书。是书著录于《宋史·艺文志三》。《玉海》引《中兴书目》云：“淑，皇祐中撰《邯郸书目》十卷，子德刍《再集书目》三十卷。淑藏书二万零八百十一卷，著为目录，凡五十七类。至是，比旧少一千一卷。”① 由此可知，《再集书目》著录图书当为19810卷。

《田氏书目》6卷，田镐编。田镐，荆南人。其父田伟始注意藏书，传到镐的手上，已有三万卷之多，因撰成此目，时在元祐（1086—1093）年间，袁默为之作序。是书被《宋史·艺文志三》《郡斋读书志》《通志·艺文志略四》等著录，唯书名、卷数、作者皆有出入，详见今人孙猛《郡斋读书志校证》卷九。

《家藏书目》2卷，吴祕撰。吴祕，字君谟，瓯宁人。从刘牧学，景祐元年（1034年）进士，历侍御史知谏院，出知濠州，提点京东刑狱，改守同安，著有《周易通神》《扬子注》《太玄笺》等。为儒雅学者。本书著录于《宋史·艺文志三》。

《秦氏书目》1卷，陈振孙《直斋书录解题》卷八著录，其称：“濡须秦氏，元祐二年（1087），有金部员外郎者，闻于朝，请以宅舍及文籍，不许子孙分割。”②

《吴氏书目》1卷，吴与撰。吴与，宁可权，漳浦人。元丰五年（1082）进士，历官余干县令，以奉议大夫通判潮州。家藏书两万卷，郑樵将其列为海内四大藏书家之一。是书即其家藏书目，著录于陈振孙《直斋书录解题》，其称：“奉议郎漳浦吴与可权家藏。闽

---

① 王应麟：《玉海》卷五二《书目藏书·李淑图书十志》。
② 陈振孙：《直斋书录解题》卷八，第235页，上海古籍出版社，1987年。

中不经兵火，故家文籍多完具，然地湿苦蠹损。”①

《沈谏议书目》3 卷，沈立撰。沈立，字立之，历阳人。仁宗天圣年间中进士，历益州判官、两浙转运使、江淮发运使、兵部郎中、集贤修撰、右谏议大夫。博学多闻，广搜图书，在四川时，曾以公粟购书，积至数万卷。神宗问其所藏，乃上书目及其自著图书。郑樵《通志》卷六六《艺文四》著录此书②。

此外，郑樵《通志·艺文四》的“家藏总目”还著录有《都氏书目》1 卷、《沈少卿书目》2 卷、吴良嗣《澂金堂书目》3 卷、台州陈氏《庆善楼书目》3 卷、《方作谋万卷楼书目》1 卷、《余卫公万卷楼书目》1 卷、《欧阳政书目》1 卷，共有 7 种。按郑氏《通志》成书于绍兴三十一年（1161），其时南宋立国才 35 年，或与金兵交战，或农民武装起义，时多兵荒马乱，其所收资料当以北宋旧藏为主。因此，以上 7 种“家藏总目”似可与前述 7 种书目同视为北宋私家书目。

民间私人藏书家整编书目，始见于唐代，吴竞的《吴氏西斋书目》1 卷历来被看作始作俑者，李淑在《邯郸图书十志序》中即有儒籍“家藏者，惟吴斋著目”③ 之说。考诸史志，确记为唐代家藏书目，除吴竞之外，尚有蒋彧的《新集书目》1 卷、杜信的《东斋集籍》20 卷，计为 3 种，类为著作创体。北宋承其端绪，至少有十余家，而且像丰县李氏，父子相传，两株目录，可见其事不再是偶然发端之举，已然成为一种时尚，宜乎南宋蔚为大观，成为目录事

① 陈振孙：《直斋书录解题》卷八，第 235 页。

② 郑樵：《通志》卷六六《艺文四》，浙江古籍出版社影印十通本。

③ 王应麟：《玉海》卷五二《书目藏书·李淑图书十志》。

业的大宗。唯以上各书皆已散佚，不能叙其详情，颇为可惜。但其蔚为风气，使目录工作不再垄断于庙堂之上，而得以下移于民间人士，在中国目录学发展史上，实属功不可没。

第二节　北宋目录学的学术思想特征

北宋目录学是在古典目录学已经发展数百年的基础上起步的。受唐宋之际社会学术思想变革的影响，北宋目录学在继承宋前目录学“崇儒”与“致用”等主要思想的同时，其分类指导思想、学科内涵、学科独立性等方面都体现出变化的一面。

一、继承开拓传统的“崇儒”与“致用”

北宋目录学的学术思想受宋代社会整体学术思想的影响，以尊崇儒学为核心理念。中国古代传统学术思想自西汉罢黜百家，独尊儒术以后，一直以儒学为核心。自汉至宋一千年间，儒学虽受佛道两教思想的冲击，甚至在唐代中期以后一度对自身的学术形态也产生过怀疑，但儒学在社会学术体系中的首要位置并未得到改变，实际上儒学已经“成为国家体制的一部分……开始更多地以一种法典化、制度性的方式对社会生活发生作用”①。目录学著作对这一现象有直接的反映。在宋代，儒家学说在社会学术思想体系中的主导地位在几乎所有的世俗目录著作和目录学家的学术思想中都得到充分

① 张岂之．中国思想学说史·隋唐卷［M］．桂林：广西师范大学出版社，2008：140

的体现：现在所能考知的所有宋人综合目录，皆以“经”为第一部类，即为明证。尊奉儒学，并在很大程度上以儒家正统学术观念来确定各学科的思想分野和学术价值是宋代目录学思想发展的重要思想基础，也是中国目录学思想发展过程中最根本的特点。

受经学风气的影响，宋代目录学家对儒学的尊崇体现出与前代不同的特点。以宋初所编纂的《龙图阁书目》为例，该目在经部设立正经类，著录诗、书、礼、易、春秋五经，而将乐经亡佚之后仅著录教坊、琵琶、羯鼓之类音乐书的乐类从六经中剥离，归入在正经类之外另设的乐类，虽仍属经部，但地位显然已与其他五经不同，实际上更加纯洁了经部的著录内容。这种做法显然是受到了宋代儒学观念的影响。宋代儒学在研究方法上的一个重要特点就是“舍传求经”。所谓的“疑经”，恰恰是为了否定经书中的“非经”因素而恢复圣人经典原貌。朱熹就曾否认《诗序》的作者是孔子，进而提出：“今人不以《诗》说《诗》，却以《序》解诗，是以委屈签合，必欲如《序》者之意，宁失诗人之本意不恤也，此是《序》者大害处。”① 可见，朱子否定《诗序》为孔子作正是为了维护《诗》的经学权威。欧阳修在《孙明复先生墓志铭》中则说：“先生治《春秋》，不惑传注，不为曲说以乱经。其言简易，明于诸侯、大夫功罪，以考时之盛衰，而推见王道之治乱，德于经之本义为多。”② 这更明确地说明宋儒尊经疑传以及崇圣的治经思路。这种自唐代中后期就已经出现的学术研究特点，说明宋儒对出自圣人之手的六经元典极为尊崇，而对非圣人或者可能不是圣人亲撰著作的经典性提出

① 黎靖德．朱子语类［M］．王星贤，点校．北京：中华书局，1986：2077，3014

② 欧阳修．欧阳修全集［M］．李逸安，点校．北京：中华书局，2001：458

了质疑。所以，没有圣人亲自参与编纂的乐类书籍，自然不能与其他五经同列为正经。析出乐类的做法就在一定程度上突出了其他五经的正统地位。这一分类改革与宋代儒学“尊经崇圣”的精神实质是契合的，符合宋代儒学的发展潮流。从这个角度来看，较之此前各个时期，北宋学者对正统儒家学术思想更为尊崇。

而从世俗目录对佛道两教的态度来看，奉儒学为正统的思想同样十分明显。从汉至宋，佛老等“异端”思想在世俗目录学中长期受到不同程度的排斥：《七略》未设佛道类目；《七录》虽设二类，却以“外篇”名之；《隋志》以附录形式设立且未著录书目。入宋后，《龙图阁书目》《崇文总目》先后将释书、道书正式设为子部下的一个二级类目，虽然佛道两教在目录学中的地位较之《隋志》《新唐志》中有了一定的提高，但与这两种学术的社会地位与学术思想水平相比，仍是不相符合的。其原因在于这两个学科的核心思想与儒学存在严重的对立。以佛教为例，作为宗教的佛教思想，其剃发出家、不娶妻生子、见人主不跪等修行方法与儒家的封建礼法道德存在严重冲突。这些表面的现象上升到思想层面上，就被儒家视为“不忠不孝”之举，触及了儒家道德伦理的底线。而作为哲学的佛教，其出世哲学与儒家的入世观念更是它们在世界观和认识论方面难以逾越的思想鸿沟。更为关键的是，儒学的这些伦理纲常是维系封建社会组织结构的重要理论。自唐代起，儒学家们就看到了儒佛思想之间存在的这些可以说是根本观念上的差别。排佛最为激烈的韩愈就认为佛教思想使社会道德沦丧，而至于“弃而君臣，去而父子”①。宋初石介亦批评云：“灭君臣之道，绝父子之亲，弃道德，

① 韩愈．韩昌黎全集［M］．北京：中华书局，1991：173

悖礼乐，裂五常。……释老之为怪也，千有余年矣，中国蠹坏，亦千有余年矣”①。而朱熹则痛斥佛教说：“佛老之学，不待深辨而明。只是废三纲五常，这一事已是极大罪名。”② 显然，在儒学家看来，建立在厌世、出世的思想基础上，破坏了传统社会关系结构的佛教是绝对不能容忍的。因此，在以儒学家为主导的中国学术体系中，佛教常常以批评对象的身份出现。周敦颐、张载、二程、朱熹、欧阳修等宋儒，尽管在理论中都有对佛学的借鉴，但他们往往声称自己站在佛学的对立面。故而作为社会学术思潮映像的目录学，长期以忽略佛教书籍存在的方式表述着儒学对佛学思想的态度。面对这种生存困境，佛教开始有意识地汲取儒家思想中的某些方面，如对儒学所推崇的纲常伦理，忠孝观念的接受与宣扬。如《佛说盂兰盆经》本身具有强烈的善恶因果、轮回报应意味，但在此经的目连救母文中，其宣讲的主旨是报母恩思想，契合了儒学的忠孝观念。类似于这种迎合儒学思想的变化，在佛教唐宋以后的解经著作中较为常见。契嵩在《辅教编》中说：“吾虽不贤，其为僧为人，亦可谓志在原教而行在孝论也。”③ 尤其是当深层次融合儒学思想的禅宗形成以后，这种新的佛学思想迅速得到了相当一部分儒学家的认可，宋儒对佛教的批判虽然一如既往的激烈，但在民间，无论是以个人身份存在的宋朝皇帝，还是宋朝的士大夫阶层，以至于底层百姓信佛参禅，已经成为一种社会风气。在这种环境下，不管对佛教持何种态度和立场，儒学家都开始尝试了解佛教。北宋不少儒学大师都

---

① 石介．徂徕石先生文集［M］．陈植锷，点校．北京：中华书局，1984：61

② 黎靖德．朱子语类［M］．王星贤，点校．北京：中华书局，1986：2077，3014

③ 释契嵩．镡津集［M］．禅门逸书初编．台北：明文书局，1981：128

与佛教关系密切，即便是以反对佛教为重要主张的理学家，也不可避免会受到佛学思想的影响，以至于出现了“阳儒阴释”现象。《宋史·张载传》云：“年二十一，以书谒范仲淹，一见知其远器，乃警之曰：‘儒者自有名教可乐，何事于兵。’因劝读《中庸》。载读其书，犹以为未足，又访诸释、老，累年究极其说，知无所得，反而求之《六经》”①。而程颢“自十五六时，与弟颐闻汝南周敦颐论学，遂厌科举之习，慨然有求道之志。泛滥于诸家，出入于老、释者几十年，返求诸《六经》而后得之”②。而北宋佛学整体理论水平已经非常接近发展了近两千年的儒学，甚至已经对儒学的发展产生了重要影响。全祖望就说：“两宋诸儒门庭路径，半出入于佛老。”③ 显然，北宋佛教的发展已经使目录学不得不正视佛教之地位，释书入子部正是由此带来的结果。

尽管佛学的社会影响、学术水平都达到了与儒学并立的地步，但在思想领域中佛学仍不可触动儒学的绝对权威。如前所述，宋代儒学家，尽管在理论中对佛家思想有所汲取，但在态度上对佛教的批判是从未改变的。从现存的宋代目录学著作来看，无论官修书目还是私撰书目，都是将影响巨大的佛教书籍置于子部之末，表面看较此前目录将佛教书籍作为附录收录更为重视佛教书籍。但相对于佛学此时的社会地位、理论水平，儒家目录学者崇儒抑佛的思想是显而易见的。这种思想贯穿于目录学发展的整个历史，无论佛教的社会影响如何巨大，佛学的整体理论体系如何严谨发达，其地位在

① 脱脱．宋史［M］．北京：中华书局，1985：12273，12716，3819

② 脱脱．宋史［M］．北京：中华书局，1985：12273，12716，3819

③ 黄宗羲．全祖望补．宋元学案［M］．陈金生，梁运华，点校．北京：中华书局，1985：2708

古代学术体系中至多属于子部之一类，儒学之正统地位是佛学永远无法动摇的。

目录学的这种学术思想影响是极为深远的。如果抛开儒学思想作为统治学说的地位，而从儒学的学科性质来看分类法，古代目录学实际上是将哲学这种总结自然知识、社会知识、思维知识等基本规律，追求世界的本源、本质，以确立哲学世界观和方法论为内容的社会科学作为其第一关注对象的。这种思想的影响不仅在于古代社会。时至今日，我国主流的图书分类法仍遵循了这个原则。目前国内图书馆较为流行的中图法，亦是将马、列、毛、邓的著作作为第一类，将哲学作为第二大类。科图法则更大程度地继承了传统目录学的学术思想，它将马列毛著作列为第一类，哲学著作列为第二类，历史学列为第三类，文学列为第四类，此后则为艺术与自然科学等类别。科图法的前四种简直就是古代四部分类法的当代形式。这两种目前国内最为通用的图书分类法，同样体现了对哲学的重视。

二、承载重要的学术和社会功用

北宋目录学继承了自《七略》《汉志》以来所形成的目录学传统学术理念，承载了重要的学术和社会功用。在此基础上，宋人对目录学这些传统学术理念、传统功用又有所强化和开拓。传统目录学自出现那天起，其功用就不止于记录书籍贮存，反映藏书盛衰。班固在《汉书·叙传》中称："刘向司籍，九流以别，爰著目录，略序洪烈。"① 从班固的这段话来看，目录学在汉代已经具备了辨章

① 班固．汉书［M］．北京：中华书局，1962：4244

学术，考镜源流的功用。这是刘向对目录学核心学术思想的界定，提升了目录学的学术品格，影响了目录学未来的发展道路，使目录学从此与学术思想史有了紧密的联系。这也就是章学诚所说的目录学乃明道之要、学术之宗的意义。而实际上，目录学的功用还不仅在于学术研究。章学诚曾说："辨而别之，盖欲庶几于知言之学者也。由刘氏之旨以博求古今之载籍，则著录部次，辨章流别，将以折衷六艺，宣明大道，不徒为甲乙纪数之需，亦已明矣。①"章学诚所言说明目录学除了学术功用之外，其另外一个重要功用在于"宣明大道"即宣扬教化，而所谓大道，在传统思想领域，显然就是指官方用来维护统治、教育士人的儒学世界观与伦理纲常思想。

书籍之作用，历代目录学家皆有论述，而以《隋志》所言最精：

> 夫经籍也者，机神之妙旨，圣哲之能事，所以经天地，纬阴阳，正纪纲，弘道德，显仁足以利物，藏用足以独善，学之者将殖焉，不学者将落焉。大业崇之，则成钦明之德；匹夫克念，则有王公之重。其王者之所以树风声，流显号，美教化，移风俗，何莫由乎斯道。故曰：其为人也，温柔敦厚，《诗》教也；疏通知远，《书》教也；广博易良，《乐》教也；洁静精微，《易》教也；恭俭庄敬，《礼》教也；属辞比事，《春秋》教也。遭时制宜，质文迭用，应之以通变，通变之以中庸。中庸则可久，通变则可大。其教有适，其用无穷。实仁义之陶钧，诚道德之橐籥也。其为用大矣，随时之义深矣，言无得而称焉②。

① 章学诚．王重民通解．校雠通义通解［M］．上海：上海古籍出版社，2006：4
② 魏征．隋书［M］．北京：中华书局，1985：903，1090，1081，1090，959

《隋志》在这里极言书籍的教化作用，尤其强调了经籍“正纪纲、弘道德”的功用。在一目之总序中将这个重要的问题提出来，说明目录学家在编纂目录整理文献，传承学术的同时，十分注重借助目录学来宣扬纲纪、道德等封建伦理观念。而儒家的道德观念、学术思维也是编目的基本指导思想。

入宋之后，目录的这些功用得到全面继承，并被赋予其更多的社会功用，使其功利性更加突出。宋代目录学的社会功用首先在宣扬政府文化成就方面获得更多的体现。北宋官修大型综合目录的编纂，其背后皆有政府力量的支持，而整理藏书、编目工作完成以后，北宋皇帝亦与群臣登楼鉴赏。《玉海》云：“景德四年三月乙亥，曲宴后苑，又登太清楼观太宗圣制御书，及新写四库群书。遂宴太清楼下，上执目录，令黄门举书示之。”① 真宗皇帝亲执目录唱名，令臣子检书的做法，显然有自矜文教盛世的意味。在官修综合目录显示文教繁荣、弘扬大道的同时，北宋政府还特意编纂了禁书目录来封禁与所谓“大道”思想相悖的书籍。《长编》云：“上虑愚民或多抵冒，因召司天监定合禁书名揭示之。复诏学士院详定，请除《孙子》、历代史《天文》《律历》《五行志》，并《通典》所引诸家兵法外，余悉为禁书，奏可。”② 可见，此乃在皇帝的亲自过问下，为钳制思想，巩固统治而制定一部书目。这种目录是以另外一种方式来完成目录学“正纪纲、弘道德”的社会功用。而除了禁书目录之外，北宋还出现了导读书目、官修的鬻贩书目等新型目录。虽然从具体用途上说，这些目录的性质存在一定的差异，但它们的共同目

---

① 王应麟．玉海［M］．扬州：广陵书社，2007：3025

② 李焘．续资治通鉴长编［M］．北京：中华书局，1985：2893

的是向读书人介绍符合官方正统学术思维的读物，并通过这种手段影响社会学术思想导向。其实质仍不过是“明道”的工具而已。可见，北宋时期，目录学有了更为广泛的社会功用。当然，目录学功用的这些新开拓，仍是在“宣明大道”的基本功用之上发展起来的。这也是目录学在北宋以后发展的轨迹。

三、继承开拓“以义分类”原则

北宋目录学图书分类的指导思想仍试图坚持以义分类原则，但由于著述内容与形式的发展，部分目录学家不得不突破这一原则的限制，而采用另外一种思路来调整分类法。《七略》一书确立了“以义分类”的图书分类基本原则，还用准确而简要的文字将各类别的学术性质进行概括，并以之命名各类。自此以后，从荀《簿》、阮《录》、王《志》等目直至《隋志》，图书分类法经历了六分到四分的巨大变革，但不管采用什么样的图书分类法，其基本的指导原则皆为“以义归类”。这种分类原则的优点是将性质、内容类似的图书归在了一起，极便检阅。而通过这些图书的分类排比，可将一个学科在一个时期内整体的学科发展态势得以完整的体现出来。将全目综合起来，则可以完整、系统地反映出整个社会的学术面貌。

以义分类的原则，虽有助于了解学术状况，但这种分类思想指导原则产生在汉代。其时书籍的编纂体例较为简单，像综合性文集、类书这样具有非单一内容的书籍尚未出现，彼时以义分类并不存在困难。当社会文化得到巨大发展时，书籍编纂的形式更为多样化，书籍内容的复杂性和多样性导致一部书往往难以用一个单一的“义”

来定型。在分类法发展的过程中，就出现了不少打破这一原则的做法。

入宋以后，随着学术发展，书籍的内容与形式都有了更多的变化，为了在四部之内完成天下图书的著录与合理分类难题，目录学家也不得不打破“以义分类”的原则，以增设类目、增加分类层级的方式，对《隋志》所确立的四部分类法进行更为深入细致的改进。如《崇文总目》依据文体的不同，将别集类分为综合性文集、诗赋集、文集三个小类。这种分类方式缓解了别集类一个小类著录书籍过多而造成的臃肿情况。但《崇文总目》这种做法的缺憾是仍未采用统一的思想指导分类。诗赋、文集这两部分，可以认为是按照著录文献文体的差异而分别设立的。“文体”是著录文献本质特征的属性，以此分类，符合“以义分类”的原则。然而，在此二类之外，专门设立著录涵盖多种文体的综合性文集，则又是以书籍编纂体例为依据进行的分类。显然这并未遵循“以义分类”的重要原则。究其原因，这是由于综合性的文集在文体特征上两者皆有，其“义”本身就兼有文与诗赋两种内涵，导致无法从文体属性上设置与诗赋、文集属于同一层级的三级类目来著录这些书籍。因此，只能采取变通的方式，按照书籍编纂的体例进行分类。

以义分类的原则无论是在描述书籍性质并进行合理分类方面，还是反映社会学术的整体面貌上，都具有无可替代的优势，也是无法被取代的。因此，虽然发展中存在一些困难，宋代目录学家也仍坚持以此为基本理论，指导分类工作。有些分类目录，尽力试图遵循一种分类原则进行图书分类。如《龙图阁书目》的分类方式。其文集阁，也就是四部分类法的中集部，延续历代的分类方式按照书籍的编纂体例进行分类，但其名称由“集”改为“文集”，较之《隋志》等目录使用“集”这个字来命名此部，更准确地反映了这一类书籍的内容特点和学术性质，也体现了“以义分类”的原则。同时，其文集部之下不设楚辞类，可见在二级类目这个层级上完全按照编纂体例进行分类。《崇文总目》继承了这个思想，亦未设楚辞类，楚辞类书籍依据其编纂体例分别归入总集和别集类中。但《崇文总目》在集部中设立了文史类，实际上又成为以义分类与以体分类两种指导思想并用。面对新文献形式的出现，集部的二级类目完全按照编纂体例的方式进行分类，无法将文学理论著作合理纳入原有的类别之中，在不改变原有分类大体框架的情况下，便只能再次依据“以义分类”的原则设立新的类目。这说明“以义分类”的原则在图书分类思想中处于难以舍弃的地位。

宋代目录学家坚持以义分类的原则是该原则本身的合理性所决定的，但学术发展变化所引起的图书编纂内容和体例形式变化，使以义分类的原则难以在四部分类法的固有模式下继续指导图书分类法的发展。在四部分类法获得更多青睐的情况下，学者们为了维护四部分类体系的完整而采取的种种变通，实际上更加凸显了四部分类法与时代学术发展的不适应。对分类法的大规模调整也在此后开始出现。南宋《直斋书录解题》的集部，在别集类之外设立了诗集类，即是遵照以义分类的方式所为。而到了郑樵的《通志·艺文略》中，首先将大类名改为“文类”，体现了此类的学科性质，是极为恰当的做法。而在二级类目的设置上，除了无法彰显其内容的影集、总集两种之外，另设有楚辞、赋、诗总集、赞颂、箴铭、碑碣、制诰、表章、启事、四六、军书、案判、刀笔、俳谐、奏议、论、策、书、文史、诗平凡20类，完全是遵照以义分类的原则进行划分的。北宋目录学家试图完全遵循以义分类的原则对分类法做出改进，但并未完成的工作，在南宋得到了较好的解决。郑樵几乎彻底抛弃了四部分类法固有模式方才在分类法中最大程度地实现以义分类的原则。

第三节　北宋目录学发展与社会学术整体演进紧密联系

总体来看，北宋目录学的学术思想继承了目录学自汉代开始发展以来的固有学术理念。目录学家尊奉正统的儒家思想，将目录作为弘扬儒学、构建社会伦理道德秩序、宣扬政府文教功绩的重要工具。这使目录学的发展与北宋社会学术的整体演进紧密联系，充分体现了其辨章学术、考镜源流的学术价值。同时，北宋目录学在目录学旧有学术思想基础上，对目录的概念与范畴、“以义分类”的图书分类指导思想等目录学的核心内容进行了大胆的开拓与创新。北宋目录学思想的这些变化，为目录学在宋代以后的发展奠定了重要基础。

一、有学科自立趋势

北宋目录学并不具备独立的学术地位，但已有学科自立的趋势。在相当长的时期里，古典目录学与校雠学之间的界限并不明晰。南宋郑樵将其有关目录学的研究内容归于《校雠略》之中。显然，虽然北宋出现了“目录之学”这一说法，但在宋代目录学家的学术观念中，目录学仍未取得独立的学术地位，它与校雠学之间的关系至少在郑樵之前尚较为模糊。通观宋代目录学著作，除了目录之外，并无其他有关目录学的著作传世。《宋史·艺文志》等目录著作也未见此类著作的著录。这说明除了编目之外，北宋的学者尚无意识对目录学的整体学术思想进行研究。考察记载北宋藏书情况的三种《国史志》的总序，其对目录学本身的论述，比之《汉志》《七录》《隋志》等前代目录尚有不及。所言多为藏书、校书之经过，于目录学历史之叙述、本身理论之见解皆无发凡。在这些总序中，目录学与校勘、图书典藏等学科是混淆在一起的。显然，北宋学者思想中虽有“目录之学”这一概念，但尚未对这一学科确定恰当的学术范畴，它在很大程度上是作为广义校雠学的一个组成部分而存在的。

对于校雠学与目录学之间的关系。张舜徽曾有过论证。他说：“近世学者若审定书籍，约分三途，奉正史艺文、经籍志及私家籍录数部，号为目录之学；强记宋、元行格，断断于刻印早晚，号为版本之学；罗致副本，汲汲于考订文字异同，好为校勘之学。然揆之古初，实不然也，盖三者俱校雠之事，必相辅为用，其效始著，否则析之愈精，逃之愈巧。”① 在这里，张舜徽提出目录、版本、校勘同为校雠学的三个组成部分，明确说明了目录学与校雠学之间的关系。此后张舜徽又据刘向校书之例，对校雠所包含的三项内容进行了进一步解释。最后总结说：“目录、版本、校勘皆校雠家事也。但举校雠，自足该之。语其大用，固在辨章学术，考镜源流。后世为

① （宋）张舜徽．广校雠略［M］．武汉：华中师范大学出版社，2004：7－8

流略者，多不识校雠，而好言目录，此大谬也。稽之古初，因校书而叙目录，自刘《略》、荀《簿》、王《志》、阮《录》，靡不截然。盖举其学斯为校雠，论其书则曰目录，二者相因，犹训诂之于传注，训诂者其学也，传注者其书也。目录而可自立为学，将传注笺解义疏之流亦可别自为学乎？"① 显然，在这段论述中他同样认为目录学为校雠学的组成部分之一。但其最后所说校雠与目录之关系如训诂与传注之关系，并否认了目录学学科的独立性，则值得商榷。目录学诚然为校雠学的一个学科分支，但不能以此否定目录学的独立性，正如不能以"经学"之存在而否认"易学"否认"春秋学"的独立性一样。因此，学科的从属性，并不影响学科的独立。目录学在北宋时期，虽确实未曾独立，但已有学科自立的趋势。

从目录学本身的发展来看，《七录》《隋志》等目录的总序中对目录学的发展史、目录学的学科特点和学术功用已有零散论述。入宋以后，不仅"目录学"概念首次出现，而且惟白在《大藏经纲目指要录五利五报述》总结了目录学的重要功用，即目录有"五利"："宗师提倡者，得随宜开觉故"；"法师讲演者，资阐明训徒故"；"乐于注撰者，助检阅引文故"；"有缘看藏者，易晓品义故"；"无因披教者，知藏乘要义故"②。这都在一定程度上推进了目录学理论的发展。两宋之交的晁公武在《郡斋读书志》总序中对目录学发展史、图书分类法、目录学之功用、图书之亡佚典藏等内容都有所论及。可以推测，在北宋末期目录学已经开始无意识地构建自己独立

① （宋）张舜徽．广校雠略［M］．武汉：华中师范大学出版社，2004：7－8

② 释惟白．大藏经纲目指要录［M］．大正新修昭和法宝总目录·第2册．东京：大正一切经刊行会，昭和四年：771

的理论体系，并表现出与校雠学学术思想不尽相同的个性特点。目录学所谓辨章学术、考镜源流的学术功用，宣教明道的社会功用，都是目录学的独有的学术思想，这在传统广义校雠学的学术理念中是难以寻觅的。这种学术思想上的差异已经充分表明，目录学与校雠学的隶属关系并不影响目录学成为一个独立的学科。而目录学的独立在宋代目录学理论建设的缓慢发展中，正逐渐实现。至南宋郑樵始全面论述目录学思想，其论名称仍为“校雠”，显然仍未使目录学实现学科独立。但这部从理论上综论目录学著作的出现，说明学者们已经开始关注目录学自身的学理特点。清章学诚撰《校雠通义》，始全面系统阐述目录学之理论，目录学至此方实现学科的彻底独立。

在目录学走向独立的过程中，北宋目录学的地位十分微妙，前有《七录》《隋志》这样里程碑式的目录学实践成果，后有《通志·校雠略》这样在理论上颇有建树的专著。郑樵在《校雠略》中有关目录学理论的论述，也都是建立在对北宋目录尤其是《崇文总目》等目录著作的剖析之上的。倘无北宋目录编纂之具体实践，郑樵之理论则为无源之水、无本之木。另外，郑樵之理论所反映的目录学学术思想，也较多地反映了北宋目录学的学术状况。如果承认《通志·校雠略》在目录学独立过程中的重要地位，就不得不承认北宋目录学已经为《通志·校雠略》奠定了重要的实践基础并提供了理论构件。所以，目录学的学科独立进程在北宋已经有所萌发。

二、与社会学术思潮紧密联系

“目录”的学术内涵有了变化，这包括两个方面的变化，其一，目录著录文献的范围发生了变化。其二，目录本身的性质有所变化，即“什么是目录?”这一重要概念发生了变化。“目录”著录对象宽泛地讲可以是任何形式的文献，而并非专指书籍形式的文献。然《汉志》《隋志》《新唐志》等目录所著录的内容均是以文字文献为主要形式的书籍。入宋以后，目录的著录范围始有较大的变化。显著的例子是《龙图阁书目》在四部之外，专设了图画阁一个大类，下设两个小类，分别著录古画上中品、新画上品，另外还附有古贤墨迹。这里的古画、新画当为绘画作品，古贤墨迹则可能为书法作品。这打破了历代目录仅仅把文字阐释作为记录文献形式的做法，扩展了“文献”的内涵，也促使目录学的学科性质有了一次突破。目录学的著录内容，从此超越了传统意义上的文字类书籍，开始关注其他形式的文献。

需要注意的是，龙图阁的性质与崇文院等国家藏书单位有所不同。《宋史》云：“（龙图阁）大中祥符中建，在会庆殿西偏，北连禁中，阁东曰资政殿，西曰述古殿。阁上以奉太宗御书、御制文集及典籍、图画、宝瑞之物，及宗正寺所进属籍、世谱。”① 可见这个藏书楼作为皇室私人藏书地点收藏了很多的古代书法、绘画艺术作品。《龙图阁书目》为了全面反映藏书情况，而将书画作品著录，可能存在一定的偶然性。但这种做法却对北宋目录学的发展带来了重要影响。李淑的《邯郸藏书志》中就沿袭了《龙图阁书目》的做法，将图画类设为一个大的部类。《新唐书·艺文志》的子部艺术类中也著录了大量书画类的作品。而除了在综合性目录中著录书画作品之外，北宋还出现了专门的书画作品目录。董追即编有《广川画

---

① 脱脱．宋史［M］．北京：中华书局，1985：12273，12716，3819

跋》，著录家藏画作。这说明在宋代，已有不少目录学家，将书画作品看作是与书籍一样具有重要价值的文献资料。

除了目录著录文献的范围有所扩大外，“目录”本身的性质也有变化。比如，《文选著作人目》一书，从书名来看，乃汇录《文选》一书作者之目。而《新唐志》《崇文总目》《郡斋读书志》皆将其著录进目录类之中。这说明在宋代目录学家的思想里，目录的意义已经不仅仅限于“书籍目”，包括前面所提到的“画目”“人名目”等著作，也可视为目录。显然，这类著作具备“分类记载项目名称”的性质，恰恰符合“目录”一词的原始，即“条目”与“记载”。宋人对目录含义的拓展，是对目录本义的一种回归。这给后来目录学带来了重要的启发。以金石类书籍为例，此类书籍之归类在唐宋之际发生了巨大变化。如《隋志》的集部总集类中著录有《杂碑集》两种，其后又提及了多种已经亡佚的金石类文献。显然，在唐人看来，金石类目录并非目录之作，而属于总集。《旧唐志》亦采用这种分类方式，集部总集类著录了《诸郡碑》和《杂碑文集》两种金石类文献目录。《崇文总目》和《新唐志》亦然。直至《郡斋读书志》中，《集古录跋尾》仍归于总集类中。然在南宋早期的尤袤《遂初堂书目》中，这种情况就发生了变化，《金石录》《集古录》等著作皆入目录类中。此后，这种做法逐渐成为目录学家的共识，在《直斋书录解题》《文献通考》中，金石类著作则都归入了目录类中。这是南宋目录学家对目录概念的进一步拓展。显然在金石学发展的大背景下，北宋目录学家冲破目录学旧思想的学术理念，对南宋目录学也产生了重要的影响。不过，目录学思想的拓展并未得到所有目录学家的赞同。比尤袤年长十余岁的郑樵在其《通志·艺文略》中采用了十二分的新型图书分类法，《金石录》《集古录》等著作仍被视为总集的一种。不过郑樵专门设立了碑碣这一二级类目著录此类书籍。此后，马端临在《文献通考》中将金石类书籍视为目录。而在《宋史·艺文志》中，则将此类书籍归入经部小学类中。可见，直到元代，金石录类书籍能否视为目录，仍存争议。

尽管金石类书籍是否可以算作是目录的争议并未由北宋目录学家解决，但是值得肯定的是北宋目录学家对目录学概念的延拓。这些变化扩大了目录的著录范围，拓展了“目录”的含义。更重要的是，这是对目录学核心学术思想的改变，无北宋目录学理论建设的创新成就及其编纂实践的巨大发展，则无南宋目录学的重要成果。

第四章

南宋时期图书整理与目录学术

两宋时代，那些从门阀制度下解放出来的读书人，挟开拓万古心胸之豪气，凭借经济发展带来的社会繁荣，依靠印刷技术进步带来的丰富藏书，纵贯古今，横论百家，将我国古代的学术文化事业推进到了一个空前发达的黄金时期。视为读书治学门径的目录学，南宋时期更以其“辨章学术，考镜源流”之功倍受各种层次学者的重视，得到了长足的发展，其成就之大，不仅远远超乎汉唐以来千余年之上，而且自元明两朝直至清初凡400年间，皆只能望其项背，无有出其右者。这在中国目录学发展史上，虽不得专美为登峰造极，但独领风骚数百年却是一个不争的事实。

第一节　目录工作下移过程中出现高度繁荣势态

南宋政府虽建于逃亡之中，北宋积累起来的藏书亦荡然尽失，但建都临安之后，凭着迅速恢复的经济、优厚的文化政策、发达的藏书事业等，在战乱中从容开始的南宋目录事业很快就转入正轨，得到了长足的发展。总括而论，由中央政府主导的整编书目的工作虽仍在进行，但其势已弱于北宋，而地方政府，尤其是民间藏书家主持的目录工作则兴旺起来，得到前所未有的大发展，整个目录事业在继续下移的过程中出现了高度的繁荣势态。

一、中央及地方政府图书整理与目录成绩显著

中央政府组织的编目工作，始于高宗绍兴年间。《宋史·艺文志总序》称："高宗移跸临安，乃建秘书省于国史院之右，搜访遗阙，屡优献书之赏，于是四主之藏稍稍复出，而馆阁编辑日益以富矣。"① 这种日益宏富的书藏，成为馆阁大臣编辑的基础，为了这个基础，秘书省曾数颁阙书目录于天下，并给出种种优惠条件，搜访民间遗书。到绍兴十七年（1147），目录学家郑樵受召按秘书省所颁阙书目录，集为《求书阙记》7 卷，《求书外纪》10 卷，又总天下古今书籍，分类为《群书会记》36 卷。这是绍兴年间围绕着搜书、整比进行的一次比较大的目录工作。除郑氏之外，这个时期徐士龙还编有《求书补阙》1 卷②。

孝宗一期（1163—1189）是南宋官修目录工作成绩最大的时期。先是乾道中，秘书省著作郎唐仲友奉命整理秘阁之书，成《乾道秘府群书新录》。淳熙四年（1177），秘书省少监陈马癸等请求编撰书目，并编《馆阁录》，登载秘阁各库书目，计有秘阁两库经、史、子、集四类书 13506 卷，3958 册，御札 607 轴、35 册，五道太上圣

① 《宋史》卷二〇二《艺文志一》。
② 王应麟：《玉海》卷五二《书目藏书·绍兴求书阙记》。

政61册，日历1002册；四库书经、史、子、集共23583卷，6512册，续搜访库经、史、子、集书共23145卷，7456册；诸州印板书6098卷，1721册。五年，诏以《中兴馆阁书目》为名刊印秘府系统藏书目录，除进呈20部以外，余皆赐给官吏，以广流传。《中兴馆阁书目》70卷，序列1卷，分52门，剔除重复，著录当时政府所藏书44486卷，“较《崇文》所载多一万三千八百十七卷。复考《三朝史志》，多八千二百九十卷，《两朝国史》，多三万五千九百九十二卷。”六年，秘书省将现有书目抄录给四川制置司，令其参照官书目录，“缮写上之”。十三年，诏诸路监司守臣，“各上书目，以馆阁书目参对，有未收之书，移文取索”①。

光宗一朝（1190—1194），政府不见有目录工作载于史书。至宁宗嘉定三年（1210），始有《御制御札目录》问世。十三年，秘书丞张攀等乞修《中兴馆阁续书目》，以续前书。是书30卷，著录图书845部，凡14943卷。从此之后，直到宋亡，其间半个多世纪，“国步艰难，军旅之事，日不暇给”②，中央政府也就再也没有专门从事过藏书编目的工作了。

理宗绍定四年（1231），宫中火灾，馆阁藏书大多化为灰烬。及至宝祐二年（1254），史馆结合《中兴四朝国史》的编修，完成《艺文志》的修订，是为南宋政府唯一的一次史志书目工作。据《中兴国史艺文志序》称：“自绍兴至嘉定，承平百载，遗书十出八九。绍定辛卯火灾，书多阙。今据《书目》《续书目》及搜访所得

① 引文及孝宗一朝事，见王应麟：《玉海》卷五二《书目藏书·淳熙馆阁中兴书目》。
② 《宋史》卷二〇二《艺文志一》。

嘉定以前书，诠校而志之。”① 可见这次编目，主要是根据正续《中兴馆阁书目》纂成，虽曾“诠校”搜访之书，但聊作补缀而已，而且其所著录，仍至嘉定末年为止，即皆为高宗、孝宗、光宗、宁宗四朝之书。

中枢馆阁的目录工作虽不及北宋兴盛，但地方政府参与编目，则是北宋所没有的，这是南宋对目录事业的贡献。地方政府编目有两种情况：一是编制藏书目录，如前所述，孝宗淳熙六年诏令四川制置司四路军州将其“官书目录”和《馆阁书目》核对。十三年，又令全国各地方政府将本郡本州书解至秘书省，以便核对馆目，并取索各地存有而馆阁缺藏之书。如此大规模的涉及全国各地的行动表明，南宋各地方政府都藏有“官书”，而且皆编有书目。今《宋史·艺文志三》著录《川中书籍目录》2 卷、《诸州书目》1 卷，即其明证。从地方各级官府到中央馆阁，自下而上，构成一个完整的官府藏书的系统目录网络，这是孝宗时代所创造的目录事业的辉煌局面。当时虽不曾有编制联合目录之举，但各地独有之书皆补入《馆阁书目》并入藏中枢机构，却是极为难能可贵的，即便是数百年后之光电通信时代，其目录系统工作的经验与气度仍然值得我们崇敬与借鉴。

地方政府参与编目的第二种形式是，结合地方志的编修，整理各地士人的著作目录。考传世的宋代地方志，有高似孙的《剡录》，分书、文、诗、画四志，记载嵊县的文献资料。其中卷五所载“书志”，著录戴逵、戴禺页、阮裕、王羲之、谢玄、孙绰、许询、支遁、秦系、吴筠、灵澈、郑言、谢灵运、顾欢、葛仙翁 15 人著作及

① 是书今已不存，序文转见马端临：《文献通考》卷一七四《经籍考总序》。

王、谢、阮氏家谱名目，共42部，凡401卷（有2部不计卷数）。此书乃高似孙应县令史安之之命而作，成于嘉定七年（1214），次年由史氏刻板印行①。《剡录》所载书目，著名目录学家姚名达十分重视，其称“方志之有书目，莫之先焉”②，充分肯定了其著作家创例之功。从此以后，中国目录学又开辟出借地方志而遍及各地的广阔的新的园地，这是南宋目录事业的又一大贡献。

二、民间目录事业的繁荣

南宋私家藏书编目的成就，著名目录史家王重民先生曾给予很高的评价，其称：“私人藏书的数量和私人藏书目录的质量也超过了政府藏书和官修目录。”私家书目，“到了南宋末年竟超过了官修目录，使私人藏书目录在参考使用价值上，有的和官修目录并行，有的在著录分类与考订的方法理论上提出了新的意见，可以补足或修正官修目录的不足。这在我国目录学的发展上，不但使目录的数量增多了，还起了促进或改革的作用”③，是我国目录学史上的巨大变化。《郡斋读书志》《遂初堂书目》《直斋书录解题》等即是有力的例证。

南宋目录事业的最大成就，还在于私人藏书目录这一大板块。两宋之际，国祚倾危，藏书家皆儒雅之士，有强烈的社会责任感，自觉地将藏书编目和国家的兴亡联系到一起，积极投身到搜求遗书

① 高似孙：《剡录自序》有“史君尹剡，访似孙，隶剡事，剡始有史”之句。参见文渊阁《四库全书》本《剡录》卷首高、史二氏所作序文。

② 姚名达．《中国目录学史》，商务印书馆，1957：386

③ 王重民：《中国目录学史论丛》第114页，124页，中华书局，1984年。

的行列之中。宋人施宿等人所编的《会稽志》卷十六有《求遗书》《藏书》二目，记载越中藏书家事迹，至今仍能感人至深，谨摘录如下：

> 本朝《崇文总目》，为书三万六百六十九卷……中更变故，丧亡略尽。至高宗巡幸至吴中，虽祖宗谥号亦亡之，但称庙号。建炎三年，因考求字训，而有司言止有《广韵》，俟求访得《集韵》，乃可尽见。其散亡乃至于是。绍兴十三年，始建秘书省于临安天井巷之东，仍诏求遗书于天下。首命绍兴府录朝请大夫直秘阁陆宰家所藏书来上，凡万三千卷有奇。时置局于班春亭，命新信教授虞仲、新江东安抚司准备差遣陆淞等人校勘，书手百余人，再阅岁乃毕，今四库所藏多其本也。先是，有布衣诸葛行仁，亦会稽人，进所藏书八千五百四十六卷，赏以官，实绍兴五年六月也。陆氏书几倍之。时秦桧当国，以其尝为李光所荐，故不复议褒录。
>
> 越藏书有三家，曰左丞陆氏、尚书高氏、进士诸葛氏。中兴秘府始建，尝于陆氏就传其书，而诸葛氏在绍兴初颇有献焉，可以知其所蓄之富矣（二事见《求遗书》门。尚书则石公公弼也）。陆氏书特全于放翁家，尝宦两川，出峡，不载一物，尽买蜀书以归，其编目日益巨。诸葛氏以其书入，四明子孙犹能保之。而石氏当尚书亡恙时，书无一不有。又尝纂集前代（器为图记，亦无一不具）①。

急国家之所急，录库藏之所无，而且能在国家空荒时期补其遗

① 施宿：《会稽志》卷十六，文渊阁《四库全书》本第486册，第357~358页。

阙于民间，正是两宋之际藏书目录之家的共同特点。虽然上述陆氏的“编目”、石氏的“图记”皆已不存，难以叙述，但其他各家见于史志而得备记者仍然不少，简况介绍如下：

《广川藏书志》26 卷，董逌撰。董逌，南宋绍兴年间官至微猷阁待制。陈振孙《直斋书录解题》卷八著录，其称“微猷阁待制董彦远撰。以其家藏书考其本末，而为之论说，及于诸子而止，盖其本意专为经设也。”[①] 此外，董氏又有《广川书跋》10 卷、《广川画跋》5 卷，仿李淑书志、画志之例，分记其所藏书画作品。

《郑氏书目》7 卷，郑寅撰。郑寅（？—1237），字子敬，一作承敬，号肯亭，莆田人，状元宰相郑侨之子。历官吉州、漳州知州，左司郎中兼枢密院副都承旨，直宝章阁。家故多藏书，且其自幼好学博习，人称“博闻强记，多识典故”。陈振孙《直斋书录解题》卷八著录之，其称：“以所藏书为七录，曰经，曰史，曰子，曰艺，曰方技，曰文，曰类。”[②] 可见其分类不同于已通行的四部法而有所创新。

《东湖书自志》1 卷，滕强恕撰。强恕，字仁伯，金华人，绍熙四年（1193）进士。嘉定间历官著作郎、秘书少监、军器少监、宗正少卿、太常少卿，出知袁州。以自藏之书著为目录，见《宋史·艺文志三》。

《郡斋读书志》，晁公武撰。是书初成于绍兴二十一年（1151），

① 陈振孙：《直斋书录解题》卷八，第 233 页，上海古籍出版社，1987 年版。按：董，字彦远，山东东平人。靖康末官国子监祭酒。建炎元年（1127）四月率诸生劝高宗即大统。后历官宗正少卿、江东提刑、中书舍人，充徽猷阁待制。故将其置于两宋之际叙述。

② 陈振孙：《直斋书录解题》卷八，第 237 页。

是我国现存最早的提要目录，著录其自藏图书1496部①。

《读书附志》2卷，赵希弁撰。希弁字君锡，袁州人。宋太祖九世孙。江西漕贡进士，尝任秘书省校勘。家富藏书，取晁氏《郡斋读书志》，择其未收者，凡469部，著录成书，淳祐十年（1250）附于晁书之后，刊行于袁州。黎安朝序称："宜春士赵希弁，公族之秀，博学好古，藏书亦富，遂以属之校正。因即其所藏之目参焉：已载者不复取，未有者补其缺，其间有互出者，盖详略之不同，文义之或异，而后来诸贤之所著述，亦藉以概见，益为五卷，别以《读书附志》，并锓诸梓，俾得托晁氏而并传，抑以寿赵君之所藏。博极君子，当有取于斯。"②

《郡斋读书志考异》1卷，赵希弁撰。希弁既校刊《读书志》，又考其名实、遗失、种类，撰成是书。其自序称，"郡侯命属梗概于卷首，至若二本所载井氏四卷之书，其间有实同而名异，此备而彼遗，与夫分种入类之各不同，又为《考异》于编末"③。

《遂初堂书目》1卷，尤袤撰。是书为我国第一部著录版本的目录学著作，共著录其家藏书3232种④。

《直斋书录解题》56卷，陈振孙撰。它是继晁公武《郡斋读书志》之后的我国第二部私撰提要目录，著录其家藏图书3096种，计51180卷，超过了南宋政府藏书之数。

此外，《宋史·艺文志三》载《徐州江氏书目》2卷、《吕氏书

---

① 统计数字，据孙猛：《郡斋读书志校证》。汪士钟校刊衢本书书为1472部，淳祐袁州本前后志相加，收书1470部。

② 孙猛：《郡斋读书志校证》附录三，第1348页，上海古籍出版社，1990年版。

③ 孙猛：《郡斋读书志校证》附录三，第1349页。

④ 藏书之数，据文渊阁《四库全书》本统计。

目》2 卷、《孙氏群书目录》2 卷、《紫云楼书目》1 卷，以及尤袤《遂初堂书目》载《叶石林书目》，计 5 种，皆不见于郑樵《通志·艺文略》，当为南宋藏书家所编之家藏书目，类皆记录南宋私人藏书的盛况。

三、个人之力编纂系统目录成就辉煌

除了私人藏书编目的兴盛之外，南宋目录事业的另一个特点是，民间藏书家、目录学家已不满足于编撰私藏书目，而开始致力于以个人之力编纂系统目录，并取得了辉煌成就。如郑樵的《通志·艺文略》，“纪百代之有无”，“广古今而无遗”，著录汉唐及至宋代的所有图书，计 10912 部，110972 卷；王应麟的《玉海·艺文》开类书收图书目录之先例；马端临的《文献通考、经籍考》始创辑录体书目；高似孙的《史略》《子略》将专科目录提高到一个新的水平；郑樵的《通志·校雠略》将藏书、校雠、目录学的理论升华等等，都是南宋时期对目录学事业的重大贡献，它们和前述的《郡斋读书志》《遂初堂书目》《直斋书录解题》等私家书目一起，共写着有别于庙堂的民间目录事业的辉煌。

其主要内容如下：

1. 评介作者

（1）“知人论世”。

（2）品评作者。

2. 评述典籍

（1）释书名，绍异名。

(2) 述内容，评得失。

3. 考内容，明分类

对历史上学术性质定位不明，分类不当的图书，陈振孙通过考校全书，给予纠正。

4. 辨伪书

陈振孙《直斋书录解题》在吸收前人辨伪成就的基础上，考辨群书，方法全面、科学，在辨伪学上亦取得了很大的成就。

5. 考渊源，明流变

陈振孙在有的解题中，还注重对有关学术渊源、文学流变的考察。如《解题》卷十九诗集类上《杜必简集》一卷："唐著作郎襄阳杜审言必简撰，工部之祖也。唐初沈、宋以来，律诗始盛行，然未以平侧失眼为忌。审言诗虽不多，句律极严，无一失粘者。甫之家传有自来矣。"《韦苏州集》十卷，《解题》云："诗律自沈、宋以后日益靡嫚，锼章刻句，揣合浮切，虽音韵谐婉，属对丽密，而闲雅平淡之气不存矣。独应物之诗，驰骤建安以还，得其风格云。"这就使解题也具有了"辨章学术，考镜源流"的作用。

第二节　图书分类学的新成就

两宋时期，社会内部相对稳定，经济繁荣，政府倡导学术，奉行较为开明的文化政策，并且组织人力、物力编撰大型图书。南宋时，科举制有了发展，通过博学宏词科取士。宋代又是我国图书业发达的时代，是雕版印书的黄金时代，这一时期刻书多，规模大，版印精，这些对学术文化的发展都具有积极意义。

一、产生了辑录体目录

在中古后期的南宋和元代初年，当我国图书目录达到了极其兴盛繁荣时期开始衰落的时候，有如回光返照，出现了郑樵的《通志·艺文略》、王应麟的《玉海·艺文》和马端临的《文献通考·经籍考》。这三部综合性系统目录巨著的出现，和中古前期在齐梁官私目录发展的基础上产生《七志》《七录》有些相像。但《七志》和《七录》仅只利用了较多的私人藏书以补充官修目录，并压倒了官修目录；而《通志·艺文略》《玉海·艺文》和《文献通考·经籍考》则在“会通”的意义和要求下，使用着不同的目录学方法，也发展了那些方法，“总古今有无之书”，建成了超乎各种目录之上的综合性系统目录。它们在学术研究上的参考使用价值也超乎各种目录之上，成为古来所未有的。

我国史学、目录学、史料学和编纂学的历史发展过程，到北宋时代都达到了高峰，这就使南宋时代，出现了在“会通”意义的要求下编纂通史，而通史中包括综合性系统目录的一大流派。

在此期间，史钞体也有很大发展，郑樵的《通志》等一批著作问世，这些都在理论上和方法上为辑录体目录的产生做了准备。此时，目录学获得了长足的发展，涌现出一批有价值的官藏目录和私家目录，以马端临的《文献通考·经籍考》为代表的辑录体目录在这期间便正式产生了。

《文献通考·经籍考》的正文分“文”“献”“考”三个主要部

分，以“文”和“献”为主。“文”部分指书目，“献”指他人评论，“考”则指马端临自己的议论和考辨。其中，最能体现辑录体目录思想和价值的当为“献”，其资料来源以晁公武《郡斋读书志》、陈振孙《直斋书录解题》《崇文总目》《中兴国史艺文志》为主体，又以《新唐志》《三朝国史艺文志》《两朝国史艺文志》、高似孙《史略》和《子略》等为补充。

在诸家书目之外所采证的史传文集和杂说诗话，上起西汉，下至南宋，多达一百余家。其主要内容包括：成书的时代背景、作者简历、师承关系、资料来源、编著经过、书名含义、篇目次第、撰写体例、内容梗概、全书主旨等。马端临缀辑《经籍考》，为古典文献提要学扩充了容量，创新了方式，开辟了他途。

《经籍考》不仅通过辑录体目录用一种全新的方式保存了大量的书目文献资料，而且通过这种方式表达了作者可贵的思想和卓越的史识，如他的因仍会通、经世致用、重视儒家文化等思想以及辨别忠奸、考镜源流等史识，《经籍考》的成书，标志着辑录体目录的真正产生。

二、出现了历史第一部目录学理论著作

郑樵，字渔仲，号夹漈，别号溪西逸民，福建兴化军莆田县人，是南宋时期著名的文献学家，史学家。

郑樵的目录学成就主要体现在《通志》中的《校雠略》《艺文略》《图谱略》《金石略》。其《校雠略》是我国第一部目录学理论著作，结束了我国古代没有目录学理论的时代，《艺文略》则是我国

第一部目录学理论的实践之作。

郑樵根据当时高度发达的科学技术和社会文学事业，尤其是从当时蒸蒸日上的图书出版事业这一客观事实出发，不囿于前人，打破了以往的图书分类方法。

根据自己的图书分类理念将图书分为经、礼、乐、小学、史、诸子、天文、五行、算术、医方、类书、文类 12 大类，65 小类，431 种的分类体系，基本上做到了类例分明。《通志·艺文略》不仅增加了大类目，还创造了三位分法，这是目录学史上一大进步。大类之下分为若干家，每家之下又分为若干种，分类细密层次清楚。郑樵《艺文略》的十二类分类法，在中国目录学史上独树一帜，不仅是“记百代之有无”和“广古今而无遗”，同时，也体现了郑樵“类例分则百家九流，各有条理”和“类例既分，学术自明”的目录学思想，与后来章学诚提出的“辨章学术、考镜源流”是一脉相承的，所以说《艺文略》中所创立的分类体系确实是我国图书分类史上的一次重大改革。

三、突破了传统的类目设置

陈振孙《直斋书录解题》在分类上亦充分地发挥了“辨章学术，考镜源流”的作用。

解题、版本，意在考镜一书之源流，而分门别类，则意在辨章学术，考镜一部一类之源流。诚如宋郑樵所云：“类例既分，学术自明，以其先后本末俱在。观图谱者，可以知图谱之所始。观名数者，可以知名数之相承。谶纬之学，盛于东都。音韵之书，传于江左。传注起于汉魏。义疏成于隋唐。睹其书，可以知其学之源流。或旧无其书而有其学者，是为新出之学，非古道也。”①四库馆臣从《永乐大典》中辑录的《直斋书录解题》分为22卷，在类目与分卷上和现存56卷元钞残卷的类目与分卷相比较，可发现《直斋书录解题》的编制顺序是根据图书内容性质按类排列的，其分类体系继承了隋唐以来目录学正统派的四部分类法。王重民说该书“分为经史子集四录”，并且说“这是书名中‘书录’两字的由来”②。在具体类目的设置上，陈振孙根据时代变化的需要，设置了应有的类目，并对他新创、改进或恢复的10个类目，写了小序加以说明。现存的10篇小序，论类例，明学术，考源流，体现了他在目录学上推陈出新的精神。

1. 考核校正前志分类之得失

大致可分以下几种情况：

（1）前志分类不一，择善而从。

（2）前志不当，仍姑从之，或改入他类。

（3）考前志分类之失。

（4）通过考察书之内容及功用，以确定其归类。

（5）对于书籍性质易混淆者，详加考辨，以明其归属。

（6）从便于利用的宗旨出发，通融处理某些书籍的归类。

（7）记他人书目分类情况。

2. 采用互著、别裁之法

互著、别裁法的运用，充分地体现了“辨章学术，考镜源流”

---

① 郑樵撰《通志略》上海古籍出版社，1990年版第722页。

② 王重民撰《中国目录学史论丛》中华书局1984年版第122页。

的原则，从而便于读者“即类求书，因书究学”，更好地发挥目录学作为治学门径的作用。综上所述，《直斋书录解题》在分类上，既继承了前人的成果，又推陈出新，形成了一套自己的分类方法。虽有某些缺失，在图书分类学上还是做出了一定的贡献。

目录之学，首要任务在于分类，次者在于著录（包括对每种书的小注、解题或题要），通过分类、著录以“辨章学术，考镜源流。”陈振孙《直斋书录解题》是在其丰富典藏的基础上，通过精心校雠，分类撰著而成的。它的解题，言简意赅，涉及内容广泛，但往往侧重于某一方面，大致论及作者、书的价值、内容、取材、真伪、撰述时间、学术源流、图书版本等，使书目起到“辨章学术，考镜源流”的作用。

3. 版本目录的滥觞

把传统的目录学和新兴版本学相结合，丰富了目录学内容，促进了目录学发展。在这方面，尤袤的《遂初堂书目》被认为是代表作。叶德辉说：“自镂板兴，于是兼言板本，其例创于宋尤袤《遂初堂书目》。目中所录，一书多至数本。”① 但其版本著录“以正经正史为多，大约皆州郡公使库本也”。王重民先生进一步指出：《遂初堂书目》所记板刻过于简单，“连刻本的年月和地点都没有表现出来”，只是到了“陈振孙时代……对于刻本的记载，方才较详细”②。仔细披览陈书，可知王重民的观点是正确的。

《书录解题》记载板刻，经初步统计达二百三十多条。若将丛刻

① 叶德辉：《书林清话》卷一《古今藏书家记版本》，岳麓书社出版社 1999 年 4 月第 1 版，第 4 页。

② 王重民：《中国目录学史论丛》中华书局 1984 年版第 120 页。

诸书，如图经、唐六十家集，百家词等加以分析，当逾五百条。记天圣一朝刊书资料之富，没有超过《直斋书录解题》的。陈振孙著录版本的体例，至为详备，远非尤袤、岳珂、晁公武、赵希弁各家所能比拟的。其主要内容，除张积《〈直斋书录解题〉与宋代出版史》①。一文归纳的（一）记版本异同、（二）记善本信息、（三）记劣本信息之外，尚有如下数端：

（1）记刻本的年月、地点及刊书人；所据底本是否完善。

（2）记旧本与今本的不同。如《解题》卷八地理类《高丽图经》四十卷："奉议郎徐兢明叔撰。宣和六年路允迪、傅墨卿使高丽，兢为之属，归上此书，物图其形，事为之说。今所刊不复有图矣。"

（3）考版本源流。《书录解题》考证了版本源流。

（4）记抄本、写本。南宋虽盛行刊书，但仍有不少写本，现将《解题》中记写本特殊者摘录如下：

> 《解题》卷五典故类《三朝训监图》十卷：'顷在莆田有售此书者，亟求观之，则已为好事者所得，盖当时御府刻本也。卷为一册，凡十事，事为一图，饰以青赤。亟命工传录，凡字大小，行广狭，设色规模，一切依其旧，敛衽铺观，如生庆历、皇祐间，目睹圣作明述之盛也。'又《解题》卷十四音乐类《皇祐新乐图记》三卷：'图其形制，刊板颁之天下。虎丘寺有本，用苏州观察使印，长贰押字。余平生每见承平故物，未尝不起敬，因绿藏之，一切依元本摹写，不少异。'

① 张积：《〈直斋书录解题〉与宋代出版史》，载华中师范大学历史文献研究所编《历史文献学论集》，崇文书局（武汉）2003年9月第1版，第568．595页。

（5）记拓本。雕版印刷之后，仍时有卷帙不多的小书刊于金石，《直斋书解题》除记写本、抄本之外，亦兼及拓本。详见本文辨伪书及本文末章之金石学成就部分。

（6）鉴赏善本。宋人已形成了“善本”的概念和收藏、鉴赏“善本”的风气。受时代风气的影响，陈振孙也大讲善本，并加以鉴赏。

四、目录实用价值高，后世影响深远

《直斋书录解题》著录古书三千余种，五万多卷，诵诗书以知人论世，深得孟子之旨。部次甲乙，每有卓识。而辨章学术，考镜源流，俱有足述。其丰富的著录内容，精审的解题方法，对考宋以前之藏书、校勘、目录、版本、辨伪、辑佚及其他各类专门之学问，无不裨益，故后人颇为重视，利用较多，评价亦高。元马端临撰《经籍考》，大体以晁公武《郡斋读书志》、陈振孙《直斋书录解题》为本，略附旧说编纂而成，其分类亦多从陈书。但征引时颇加删削，并有数十条解题未录入。既保存了《直斋书录解题》的佚文，但又不足尽据。其中间有重复著录的，如卷二十五史部传记类《渚宫故事》五卷，引陈氏说，而卷三十二地理类复有《渚宫故事》十卷，引晁氏说。又卷二十七史部伪史霸史类有《至道云南录》三卷，引晁氏、陈氏说，《诸蕃志》二卷引陈氏说。又重出于卷三十三地理类，俱引陈氏日，而互有详略。

通观《直斋书录解题》全书所引，亦有与四库辑本不同之处，可用来作校勘或辑佚之用。清《四库全书总目》亦时有征引。如

《总目》卷十一书类《尚书精义》50卷：宋黄伦撰。《直斋书录解题》称为三山黄伦彝卿所编，知为闽人。此条所用，有助于后人考察撰者的生平事迹。又如《总目》卷二十二礼类《礼书》150卷：《直斋书录解题》称元祐中表上之。振孙所记为确。此条所引则有助于考订《札书》成书及上表的时间。征引之处尚很多，不复一一列举。

正因《直斋书录解题》具有很高的实用价值，对后世产生了深远的影响，故《四库全书总目》评《直斋书录解题》："古书之不传于今者，得籍是以求其崖略；其传于今者，得籍是以辨其真伪，核其异同，亦考证之所必资，不可废也。"① 其评价正说明了它的价值所在。

元马端临《文献通考·经籍考》征引既多，评价亦高，其评价分散于著录各书之后的按语中。如《文献通考·经籍考》卷十三经部乐类小序，引陈氏日："刘歆、班固虽以《礼》《乐》著之六艺略，要皆非孔氏之旧也，然《三礼》至今行于世，犹是先秦旧传。而所谓《乐》六家者，影响不复存矣。窦公之《大司农乐章》既已见于《周礼》，河间献王之《乐记》亦已录于《小戴》，则古乐已不复有书。而前志相承，乃取乐府、教坊、琵琶、羯鼓之类，以充乐类，与圣经并列，不亦悖乎！晚得郑子敬氏《书目》独不然，其为说日：仪注、编年，各自为类，不得附于《礼》《春秋》，则后之乐书，固不得列于六艺。今从之，而著于子录杂艺之前。"马氏按云："古者诗、书、礼、乐，皆所以垂世立教，故班史著之六艺以为经籍。流传至于后世，虽有是四者，而俱不可言经矣。故自唐有四库

① 纪昀撰《四库全书总目》，北京中华书局1965年版第730页。

之目，而后世之所谓书者入史门，所谓诗者入集门，独礼、乐则俱以为经。于是以历代典章、仪注等书厕之六典、仪礼之后，历代乐府、教坊诸书厕之乐记、司乐之后，猥杂殊基，陈氏之言善矣。”

朱彝尊《经义考》征引《直斋书录解题》亦多，常冠以“陈氏日”字样，以资考证。朱氏所引既有经部之书，亦不限于经部之书。有时综合多种书之资料，写成撰人小传。如马总《论语枢要》，所引“陈氏日”出自《直斋书录解题》卷四编年类《通历》、卷七传记类《唐年小录》各条。胡宏《易外传》，所引“陈氏日”则出自《直斋书录解题》卷四编年类《皇王大纪》、卷九儒家类《胡子知言》、卷十八别集类下《五峯集》各条。

第五章

宋代官修藏书目录兴盛发达

宋代是我国目录学史上的一个重要的时期。由于雕版印刷术的发明，极大地促进了书籍的流通，为目录学的繁荣、兴盛提供了客观物质条件。目录学本身的发展，到了宋代，也已经进入了成熟的阶段。

宋代的官修目录，北宋时期有《崇文总目》《秘书总目》；南宋时期有《中兴馆阁书目》《中兴馆阁续书目》。

第一节 《崇文总目》

宋代建朝之初，有书一万余卷。宋太祖乾德六年（968 年），已经有史馆新定书目四卷。之后宋削平诸国，收其图籍，又下诏遣使购求遗书，藏书逐渐增加。宋真宗时，秘阁藏书曾编有库藏目录，如《太清楼书目》等。

一、《崇文总目》概况

宋仁宗景祐元年（1034），在四馆藏书的基础上，仿《开元四部录》，约国史艺文志，编修政府藏书目。参加编目的有王尧臣、聂冠卿、郭慎、吕公绰、王洙、欧阳修、张观、李淑、宋祁等。自景祐元年至庆历元年（1041），经过了七年，完成《崇文总目》66 卷，叙录一卷。《崇文总目》仿唐代开元年间所编《群书四部录》，每类有序，每书有提要。全书分经史子集四部，45 类，著录书籍 36691 卷。《崇文总目》继承了自刘向、刘歆以来我国目录编纂的优良传统，仿《群书四部录》，编成有序有提要的目录，对宋代及宋代以后的公私藏书目产生了很大影响，起到了示范的作用。清人朱彝尊说："《崇文总目》，当时撰定诸儒皆有论说，凡一书大义必举其纲，法至善也。其后若《郡斋读书志》《书录解题》等编，咸取法于此，故虽书有亡失，而后之学者览其目录，犹可想见全书之本末焉。"（《经义考》）又说："辞不费，而每书之本末具见，法至善矣。"（《曝书亭集·崇文书目跋》）《四库全书总目》议论《崇文总目》说："王应麟《玉海》称当时国史谓《总目》叙录多所谬误。黄伯思《东观余论》有校正《崇文总目》十七条。郑樵《通志校雠略》则全为攻击此书而作。李涛《长编》亦云，《总目》或有相重，亦有可取而误弃不录者。今观其书，载籍浩繁，抵裙诚所难保。然数千年著作之目，总汇于斯，百世而下，藉以验存佚，辨真赝，核同异，固不失为册府之骊渊，艺林之玉圃也。"《崇文总目》的价值和影响，于此可见一斑。

《崇文总目》在南宋时还未有缺佚。郑樵曾对《崇文总目》的提要发表意见，谓其泛释无义，文繁无用。王应麟《玉海》、马端临《文献通考·经籍考》，都引有《崇文总目》原文。南宋时还流行《崇文总目》一卷，仅有66卷之目。《郡斋读书志》《直斋书录解题》著录的都是一卷《崇文总目》。清人朱彝尊及《四库全书总目》，认为这一卷《崇文总目》的出现，起因于郑樵。“原本于每条之下都有论说。到南宋时，郑樵作《通志》，始谓其文繁无用。绍兴中遂从而去其叙释。晁公武《读书志》、陈振孙《书录解题》著录皆云一卷，是刊除叙释之后，全本已不盛行，南宋诸家或不见其原书，故所记卷数各异也。”（《四库全书总目·史部目录类一》）

但是后来，《崇文总目》就没有完整的本子了。明清两代，仅有简单的目录流传，只录书目，没有解题。清代嘉庆年间，钱侗等人以家藏范氏天一阁抄本为基础，搜采《欧阳文忠公集》《玉海》《文献通考》《郡斋读书志》《直斋书录解题》等书，欲补辑《崇文总目》，又从文渊阁中借抄四库馆新定之《崇文总目》互勘异同，共得原序30篇，原解题980条，引证420条，“或原释无从考见，乃为博稽史志，补释撰人。其中标卷参差，称名错杂，以及阙漏之字，讹舛之文，传诸来兹，易滋疑义，则仿赵君锡考异、随斋批注、王伯厚考证之例，间为一二商榷语。”（钱侗《崇文总目辑释小引》）钱侗等成《崇文总目》辑释5卷，补遗1卷。据此，可以略窥《崇文总目》之原貌。钱侗等人辑释之《崇文总目》，见于《丛书集成初编》《粤雅堂丛书》《后知不足斋丛书》等。

二、《崇文总目》的历史价值

宋代政府的官修目录是在当时政治、经济、文化的要求下，在雕版印刷逐渐发展的情况下和在唐代目录工作的丰富经验下建成的。宋王朝把三馆秘阁作为培养学术人才和高级官吏的文化机构比唐代更突出，里面的学士、校理、校勘多是从科第中选拔出来的优秀人才，能以较优裕的时间和较高的学力，从事补充图书、整理图书。宋代还有一个特点，是每隔三朝两朝就纂修一次国史，便把政府图书馆各库藏目录集中整理一次，编成国史艺文志《崇文总目》就是在这些有利的条件下编纂出来的。

北宋初年的崇文院是以史馆为重点馆的。三馆共有六个书库，史馆的书占了四库，早在 908 年就编出了史馆的库藏目录——《乾德六年史馆新定图书》4 卷。以后三馆秘阁都编成了库藏目录，流传下来的有 1004 年的《太清楼书目》4 卷，公元 1007—1008 年的《龙图阁书目》7 卷，《玉宸殿书目》4 卷，而且在 1007—1016 年间综合这些书目又修成了《三朝国史艺文志》。当 1034 年决定编制国家的系统目录——《崇文总目》时，在崇文院内成立了独立的机构，以三馆秘阁中有图书目录修养的人作基础，任命了王尧臣、欧阳修、张观、宋庠、李淑、宋祁、王洙、夏冠卿、郭稹、吕公绰等，他们合并利用了四馆的藏书，“仿《开元四部录》，约《国史艺文志》，经过了七年的时间，在 1041 年编成了《崇文总目》68 卷、叙录 1 卷（也有称 67 卷的，是与叙录一卷合并计算）。共著录图书 30669 卷。

《崇文总目》的编纂体例有大序小序，主要是由欧阳修撰的（《欧阳文忠公文集》卷一二四有《崇文总目·叙释》1卷凡经部8篇，史部12篇，子部10篇）。每书下都有提要，是参加的人仿照开元四部录的做法，又斟酌读者需要，适当地揭露了图书的内容，并记述了图书的各种必要的物质条件，如书本的沿革，残缺的情况，篇卷的存佚，以及撰人姓氏考订等。在必要的地方，对图书内容做了概括阐述，有不接触内容（凡是看了书名或类目就可知道的），还有的提出了自己的看法，给予了一定的评论。总的说来，《崇文总目》的提要是做到了简明实际，这种好的做法，应该说是由《群书四部录》所奠定，由《崇文总目》所改进，并发扬光大了的。

三、《崇文总目》的兴修

宋朝的建立结束了五代十国的分裂局面，但长年动乱却使图书遭到了比较严重的散失。宋初的昭文馆、史馆、集贤院三处国家藏书的总数不过万余卷。于是在恢复社会经济的同时，宋朝政府采取了一些聚集图书的具体措施，如将南方各国的图书收归政府，其中南唐藏书最富，共得三万余卷。又于乾德四年下令向民间征书，并对“堪任官职者具以名闻”，给以适当的安排，同时还由政府刻书和制复本。当时，又由于雕版印刷的广泛应用，图书数量为之大增：国家不仅有政府藏书，皇室、国子监等处也藏书；各地书院和私人也纷纷藏书。这就为图书编目工作创造了物质条件。于是官私目录相继出现。

宋朝的官修目录以仁宗时所修《崇文总目》为最著名。宋仁宗景祐元年闰六月曾命张观、宋祁等审查三馆和秘阁的政府藏书，进行删谬补漏的工作。并命王尧臣、欧阳修等仿照唐代《开元四部录》的体例，“加详著录”，于庆历元年底撰成，赐名为《崇文总目》。这部总括四馆①藏书加以著录的国家藏书目录共66卷。它把所收的30669卷图书分为四部45类（计经部9类，史部13类、子部20类、集部3类）。其史部特立“目录”1类，从目录学著述之能独成一类反映了在此以前目录事业的发展程度。各类都有序，各书都有提要（释），所谓“每条之下，具有论说”②，“一书大义，必举其纲”③即指此而言。其后晁公武、陈振孙等都取法于它而各撰专著。可惜南宋以后，删去序释④，仅存书名。元初已无完本，明清只剩简目。直到清嘉庆四年（1799），始由钱侗等人从《欧阳文忠公集》《玉海》和《文献通考》中辑出，成书5卷。《崇文总目》虽然缺失，但在总括宋以前的图书概况便于后世查验存佚方面还是有一定贡献的，它正如《四库全书总目》卷八五所评论那样：

“百世而下，藉以验存佚，辨真赝，核同异，固不失为册府之骊渊，艺林之玉圃也。”

在《崇文总目》以外，据《通志·艺文略》记载，还有《秘阁四库书目》10卷、《史馆书目》2卷和《嘉祐（宋仁宗年号）访遗

---

① 四馆，宋初以昭文、史馆、集贤为三馆，端拱元年又建秘阁作为书库，与三馆合称四馆。

② 《四库全书总目提要》《崇文总目》条

③ （清）朱彝尊：《崇文总目跋》（《曝书亭集》卷四四）

④ 清初朱彝尊以删除《崇文总目》序释由于郑樵之“嫌其文繁无用”，《四库总目》承其说，认为“郑樵作《通志》，始谓其（《崇文总目》）文繁无用，绍兴中遂从而去其序释。”实则去序释与郑樵无涉，杭世骏：《道古堂集》卷二六已有驳议，钱大昕：《十驾斋养新录》卷十四也有详考。

书诏并目》一卷，但仅存卷目，内容已难以考知。

第二节 《秘书总目》

北宋时期的官修目录以《崇文总目》和《秘书总目》为代表，北宋历朝的藏书，基本著录于这两部目录中。

一、《秘书总目》概况

宋神宗熙宁七年（1074），国子监有藏书并有书目。宋哲宗元祐二年（1087），秘书省别造书目。宋徽宗时，又在《崇文总目》的基础上增补书籍，更《崇文总目》为《秘书总目》。《文献通考·经籍考》说："大观四年，秘书监何志同言：'庆历间尝命儒臣集四库为籍，名曰《崇文总目》，距今未远也。按籍而求之，十才六七。号为全本者，不过二万余卷，而脱简断编，亡散缺逸之数浸多。谓宜视旧录有未备者，颁其名数求访。'即从其请。政和七年，校书郎孙觌言：'景祐中仁宗诏儒臣即秘书所藏，编次条目，所得书以类分门，赐名《崇文总目》。神宗皇帝以崇文院为秘书省，厘正官名，独四库书尚循崇文旧目。顷因臣僚建言访求遗书，今累年所得，《总目》之外已数百家，几万余卷。乞依景祐故事，诏秘书省官，以所访遗书，讨论撰次，增入总目，合为一书。乞别制美名，以更崇文之号。'乃命觌及著作佐郎倪涛、校书郎汪藻、刘彦通撰次，名曰《秘书总目》。"

据此可知，宋徽宗时，原《崇文总目》所收之书，已颇有散佚。经过求访，到宋徽宗政和七年（1117），于原有书籍之外又增加了数百家，几万余卷。校书郎孙觌、著作佐郎倪涛等奉命以所增之书，合入《崇文总目》为一书，成《秘书总目》。

二、《秘书总目》价值

《崇文总目》到徽宗时曾加增补而改名为《秘书总目》，但一般援引仍用《崇文总目》之名。徽宗是爱好文事的皇帝。他不仅补缮旧藏，还广泛求书，取得了良好的效果，使国家藏书量比崇目所录增溢了 25254 卷，总共为 55923 卷，达到了宋朝国家藏书量的高峰（但不久由于"靖康之变"，金兵南下，藏书荡然无遗）。

宋南渡后，高宗又访求遗书，国家藏书得到一些恢复。当时秘书省编有《续编到四库阙书目》2 卷，以经史子集为序，如为阙书便在书名下注明。此目似是秘书省人员粗编作求书之用的。孝宗淳熙四年（1177）十月，秘书少监陈骥，（字叔进，台州临海人，官至参知政事，卒谥文简）要求编撰书目。次年五月编成《中兴馆阁书目》70 卷，序列 1 卷①，凡 52 门，共著录现存书 44486 卷，比《崇文总目》所载多 13817 卷。但还没有达到北宋徽宗时的藏书量。从高宗绍兴到宁宗嘉定（1131—1222）将近一百年间，由于"承平百载，遗书十出八九；著书立言之士又益众，往往多充秘府"② 图

---

① 《直斋书录解题》《通考·经籍考》均作 30 卷，此据《宋史艺文志序》及《建炎以来朝野杂记》卷四。

② 《文献通考·经籍考》

书量充斥到不能不续编书目。嘉定十三年（1220），秘书丞张攀便受命编《中兴馆阁续书目》30卷，又在正目外增添了14943卷，使南宋的藏书量达到59429卷，不仅恢复了徽宗时的盛况，还增多了三千五百多卷，而且“太常博士之藏，诸郡诸路刻版而未及献者”①还未计算在内。

第三节 《中兴馆阁书目》与《中兴馆阁续书目》

一、《中兴馆阁书目》与《中兴馆阁续书目》概况

1177—1178年间，在秘书监陈骙的领导下编成了《中兴馆阁书目》70卷，序列1卷，全书分52类，共著录图书44486卷，超过了《崇文总目》所著录的数量。1219年—1220年，又在秘书兼张攀的领导下，编成了《中兴馆阁续书目》30卷，1178年以后收入的新书，著录了14934卷。这两部目录在十三、四世纪的时候，与《崇文总目》并行。

《中兴馆阁书目》的编成上，距南宋渡江（1127）不过50年，政府图书馆的藏书数量竟超过北宋时代。历史东晋藏书，渡江后经过200年才赶上西晋，相比较而言，南宋藏书发展是值得令人注意的。到了南宋时代，生产力有了极大的提高，文化教育有了相当的普及，图书出版有了广泛的基础，图书目录事业的恢复和发展才能

① 《文献通考·经籍考》

这样容易及迅速。

但是，南宋中央政府的政治，经济文化是受削弱的，实际上是处在下降的时期，所以陈骙、张攀编目时，不能调取国内的专门人才，只能发动秘书兼的原有人员在原有的基础上进行修补他们的编撰体例，虽说是仿《崇文总目》的，也都给每书编写了提要，但限于人力和时间，只能抄辑原书的序跋和旧目录的评论，参和众家，联缀成篇。

靖康二年（1127），宋钦宗赵桓及皇后太子被金人虏获北归，北宋王朝秘阁藏书、天下州府图籍、府库蓄积为之一空。

二、《中兴馆阁书目》与《中兴馆阁续书目》历史价值

《宋史·艺文志序》说："高宗移都临安，乃建秘书省于国史院之右，搜访遗阙，屡优献书之赏。四方之藏稍稍复出，而馆阁编辑日益以富矣。"又据《建炎以来朝野杂记》载："高宗始渡江，书籍散佚。绍兴初，有言贺方回子孙鬻其故书于道者，上命有司、悉市之。芜湖县僧有蔡京所寄书籍，因取之，以实三馆。刘季高为宰相掾，又请以重赏访求之。五年九月大理评事诸葛行仁献书万卷于朝，诏官其一子。十三年，初建秘阁，又命即绍兴府借故直秘阁陆寘家书缮藏之。十五年，遂以秦伯阳提举秘书省，掌求遗书图画及先贤墨迹，四方多来献者。至是数十年，秘府所藏益充切。"自宋高宗南渡以后，即采取各种措施搜访图籍。经过了半个世纪的积累，到宋孝宗淳熙年间，书籍的数量已经很可观了。

宋孝宗淳熙四年（1177），秘书监陈骙仿《崇文总目》体例，

编《中兴馆阁书目》70 卷，序列一卷。全书分为 52 类，著录书籍 44486 卷，淳熙五年（1178）完成。《中兴馆阁书目》著录书籍的数量，较之《崇文总目》所著录的 30669 卷藏书，多出了 13817 卷。

宋宁宗嘉定十三年（1220），政府藏书又有增加。秘书丞张攀奉诏修《中兴馆阁续书目》30 卷，著录淳熙后所得书 14943 卷。体例仍仿《崇文总目》，每书有解题。

《中兴馆阁书目》与《中兴馆阁续书目》虽然是仿《崇文总目》的体例编成的，但其质量不如《崇文总目》。在其编定之时，当时学者就多讥其"草率""舛妄"。两部目录在宋末时尚存，后来也佚失了。近人赵士炜参考章如愚《山堂考索》、王应麟《玉海》、陈振孙《直斋书录解题》等书，辑得 1019 家，原释 882 条，考 678 条，成《中兴馆阁书目辑考》5 卷；《中兴馆阁续书目辑考》1 卷。1933 年，北京图书馆出版。

《中兴馆阁书目》正续二目，反映了南宋国家藏书状况，也是南宋目录事业的重要成就之一。

第六章

宋代史志目录评析

宋朝十分注重修撰本朝历史，就是所谓“国史”，而每种国史又都有《艺文志》。这就在目录事业发展史上开创了写当代史志目录的先例。

第一节 《国史艺文志》

宋代屡修国史，或两朝一修，或三朝、四朝一修。国史中都有《艺文志》，是根据各个时期的官修目录或者库藏目录修成的。

《宋史·艺文志序》说：“宋旧史，自太祖至宁宗，为书凡四志艺文者，前后部帙，有亡增损，互有异同，今删其重复，合为一志。”这就是说，《宋史·艺文志》，主要是根据自宋太祖至宋宁宗时期的四部《国史艺文志》，经过删其重复，合并而成的。这四部《国史艺文志》，第一部是《三朝国史艺文志》，吕夷简等修，包太祖、太宗、真宗三朝，著录了自宋太祖建隆年间至宋真宗大中祥符年间（960—1016 年）的政府藏书 3327 部，39142 卷。所依据的目录，主要是政府藏书的库藏目录。第二部《国史艺文志》是《两朝国史艺文志》，包括仁宗、英宗两朝，著录书籍1472部，8446卷。《两朝国史艺文志》是根据《崇文总目》，加上《崇文总目》修成以后的20年中所增加的书籍，除去《三朝国史艺文志》已著录之书而成的。第三部是《四朝国史艺文志》。据李心传《建炎以来朝野杂记》，《四朝国史艺文志》是由李心传的父亲李舜臣编撰的。《四朝国史艺文志》完成于宋孝宗淳熙年间，距高宗南渡已有四五十年了。它包括了北宋时期的神宗、哲宗、徽宗、钦宗四朝，是依据当时所能见到的这四朝的藏书目录编成的，著录书籍1443部，25254卷。第四部是《中兴四朝国史艺文志》，包括南宋高宗、孝宗、光宗、宁宗四朝。《中兴四朝国史·艺文志序》说："盖自绍兴至嘉定，承平百载，遗书十出八九，著书立言之士又益众，往往多充秘府。绍定辛卯火灾，书多阙。今据《书目》《续书目》及搜访所得嘉定以前书，诠校而志之。"这说明，《中兴四朝国史艺文志》主要是依据《中兴馆阁书目》和《中兴馆阁续书目》这两部目录编成的。由于理宗绍定辛卯（1231）火灾，秘书省藏书受到损失，所以《中兴四朝国史艺文志》所收书断自宁宗嘉定年间，即1224年左右，所著录书籍的数量，应当与《中兴馆阁书目》《续书目》的总和相接近。

这四部《国史艺文志》，从时间的跨度上来说，自北宋太祖建隆年间到南宋宁宗嘉定年间，包括了北宋九朝、南宋四朝，总共是264年。四部《国史艺文志》，著录了宋代260年间各朝的现实藏书，反映了宋代各个历史阶段政府藏书的状况。

元代所修的《宋史·艺文志》，就是在宋人所修的这四部《国史艺文志》的基础上，删并而成的。

第二节 《宋史·艺文志》的纂修

元代惠宗至正三年（1343），托克托等奉敕修撰《宋史》。《宋史·艺文志》主要是依据了自宋太祖至宋宁宗的四部《国史艺文志》而修成的。《宋史·艺文志序》说："益以宁宗以后，史之所未录者，仿前史分经、史、子、集四类而条列之。"宋人所修四部《国史艺文志》，止于宋宁宗嘉定年间，对于宁宗嘉定以后的宋代政府藏书，《宋史·艺文志》作了增补。宁宗嘉定以后至宋亡，还有四五十年。宋亡于1279年，元朝修《宋史》是在1343年，距宋亡时间不很远，不过六十几年，还可以看到宋宁宗以后的宋代图书资料，这是《宋史·艺文志》增补宁宗以后典籍的条件和凭藉。对于增补的书，《宋史·艺文志》仿《新唐书·艺文志》，在这一类的后面注明：某书以下不著录若干部，若干卷，以区别这些书不是据宋《国史·艺文志》，而是后来增补的。这些增补的书都按照经史子集的类别，附于每一类的后面。《宋史·艺文志》著录宋代历朝典籍凡9819部，119972卷。

《宋史·艺文志》著录书籍的数量，几乎是《汉书·艺文志》著录书籍数量的十倍。从汉代到宋代，随着时代的进步，文化的发展，特别是宋代以后雕版印刷术的普及，促使典籍的数量大幅度增加。学术的发展逐步深入，分类越来越细密，书籍的数量也越来越多，这些问题，很突出地反映于《宋史·艺文志》中，使宋代的史志目录面临了前代所不曾有的难题。从汉代到宋代，共有汉、隋、唐、宋四个朝代的五部正史《艺文志》，这五部正史《艺文志》，都是以著录一个完整的时代的藏书为原则的（《旧唐书·经籍志》著录唐代藏书并不完整，仅到开元年间，但它也是以著录开元时期的唐代藏书为原则，与著录一代之著述不同）。在历代的史志目录中，《宋史·艺文志》是最后一部著录当代藏书的史志目录。

第三节 《宋史·艺文志》的历史价值

宋朝的《国史艺文志》据记载共有7种，但其中3种南宋时已废佚，仅余4种：

（1）吕夷简等撰：（太祖、太宗、真宗）《三朝国史艺文志》。

（2）王珪等撰：（仁宗、英宗）《两朝国史艺文志》。

（3）李焘等撰：（神宗、哲宗、徽宗、钦宗）《四朝国史艺文志》。

（4）不著撰人：（高宗、孝宗、光宗、宁宗）《中兴国史艺文志》。

这些史志目录今已亡佚，但尚能根据其他记载略知其大概情况是：

（1）每类有小序，每书有解题。

（2）晁、陈志录均曾著录宋国史，可见并非仅由官藏，民间也有副本流传，则各种史志目录也随之传布。

（3）各志可能都以国家图书目录为主要依据，如三朝志似本之《咸平馆阁书目》、两朝志本之《崇文总目》、四朝志似本之《秘书总目》，而中兴志则据陈、张正续《中兴馆阁书目》铨次而成。

（4）三朝、两朝、四朝各志均不重复登录，而仅登录前所未有者，独中兴志因系南渡后重收图书所编，所以有重复登录者①。

《国史艺文志》从主持其事者及所登录的藏书看，具有国家图书目录的性质，但它附于各朝国史，又可算作一种当代史志目录。这是过去所未有的新作法，因此，官撰当代史志目录之体当始基于此。

在史志目录中，还有欧阳修的《新唐书艺文志》（简称《新唐志》），它大体取法《隋志》，而内容则多采《古今书录》，不过，由于时代相距较远，似不如《旧唐志》更多地保留了《古今书录》的概貌。但是，它除根据所见开元书目已著录五三九一五卷，又加录了唐代学者的撰著二八四六九卷，加以整理，共著录三二七七部、五二〇九四卷，于是唐代藏书及唐人著述就比《旧唐志》为完备。《新唐志》在分类和编次上都有所增改。如废除旧志以部类为“家”的做法，而以学术流别来分类，适当省併类名，如併霸史、伪史为一而去掉霸史的名称，以笔记杂著有补于史，而列入杂史类等等。

① 参阅赵士炜：《宋国史艺文志辑本序》（见《图书馆学季刊》1933 年第二期）

第七章

宋代私人藏书与私人藏书目录评析

第一节　藏书与编目概观

在唐代，已经有不少藏书家。如曾参与《群书四部录》编撰的韦述，家聚书二万卷，皆自校定。秘书监蒋义，好学不倦，老而弥笃，虽甚寒暑，手不释卷，旁通百家，尤精历代沿革，家藏书一万五千卷。苏弁聚书至二万卷，皆手自刊校，人称其藏书仅次于秘阁。吴兢不仅"聚书颇多"，而且"尝目录其卷第，号吴氏《西斋书目》"。（《唐书·吴兢传》）《郡斋读书志》著录："吴氏西斋目一卷。唐吴兢录其家藏书凡13468卷。"吴兢的《西斋书目》在唐宋时期很流行，对于唐宋时期目录的分类产生了一定的影响，后来佚失了。

到了宋代，印刷术的进步促进了书籍的传播。苏轼《李氏山房藏书记》说："余犹及见老儒先生，自言其少时欲求《史记》《汉书》而不可得，幸而得之，皆手自书，日夜诵读，惟恐不及。近岁，市人转相摹刻诸子百家之书，日传万纸。学者之于书，多且易致如此。”（《苏东坡全集》卷十一）私人藏书成为当时的风气。《文献通考·经籍考总叙》引宋人说曰：“承平时，三馆所藏不满十万卷，《崇文总目》所载是也。公卿名藏书家如宋宣献、李邯郸；四方士民如亳州祁氏、饶州吴氏、荆州田氏等吾皆见其目，多止四万许卷。”宋王明清《挥麈录》说：“承平时，士大夫家如南都戚氏、历阳沈氏、庐山李氏、九江陈氏、鄱阳吴氏俱有藏书之名，今皆散逸。近年所至郡府，多刊文籍，且易得本传录，仕宦稍显者，家必有书数千卷。”不但聚书成为风气，而且私人藏书都有书目。著名的私人藏书目如：李淑《邯郸图书十志》、董逌《广川藏书志》、田镐《田氏书目》、郑寅《郑氏书目》等。

李淑在馆阁中做官，曾参加《崇文总目》的编目工作。他有丰富的藏书，编成《邯郸图书十志》10 卷。他把书籍分为经、史、子、集、艺术、道书、书、画共八类，其中经史子集类书，总计 1836 部，23186 卷。《郡斋读书志》说李淑《邯郸图书十志》：“载其家所藏图书 57 类，厘为十志。”说明李淑分群书为五十七小类。李淑的分类，根据典籍的实际情况创立新类，吸取四部分类法，又不受四部分类法的束缚，在当时影响很大。

田伟居荆南，为江都尉。建博古堂，有藏书五万七千余卷。黄庭坚曾说：“吾尝校中秘书，及薄游江南，名士藏书之富，未有及田氏者，而名不甚章，惜哉。”可见田氏藏书之富。田伟的儿子田镐，撰《田氏书目》6 卷。《田氏书目》往往有当时其他书目所不载之书。

董逌，字彦远。北宋末年，在秘书省和国子监任职。有《广川藏书志》26卷。他以家藏书考其本末，而为之论说。看来是有解题的。董逌《藏书志》“及于诸子而止”。班固《汉书·艺文志》有阴阳家一类，其书皆不存。隋唐以来，子部阙阴阳家。至董逌《藏书志》，始以星占、五行书为阴阳类。

郑寅，字子敬，莆田（今福建省莆田地区）人。知枢密院郑侨之子。据《直斋书录解题》，郑寅“博文强记，多识典故。端平初召为都司，执法守正，出为漳州以没”。郑寅有藏书数万卷，撰《郑氏书目》7卷，分为7类：曰经、曰史、曰子、曰艺、曰方技、曰文、曰类。不守四部分类的成法，而能够自创新法。

以上所列举的李淑、田镐、董逌、郑寅等，或者属于“公卿名藏书家”，或者属于“四方士民”。他们不但家富藏书，而且都有藏书目。这些私人藏书目已经不仅仅局限于著录藏书的数量，在分类的方法、理论等方面有不同的创见，是宋代目录学成果的组成部分。这几部目录后来都佚失了，但是它们对宋代目录学的影响与推动是不可否认的。

宋代的私人藏书目流传下来的有3部：晁公武《郡斋读书志》、尤袤《遂初堂书目》、陈振孙《直斋书录解题》。

第二节　《郡斋读书志》的学术价值

晁公武，字子止，山东巨野（一说河南清丰）人。晁公武七世祖文元（晁迥）、文庄（晁宗悫）父子，以文章德业于宋真宗、仁宗两朝任职，赐第京师昭德坊。其父名冲之，字叔用，有《具茨集》。晁公武家自文元公以来，“以翰墨为业者七世”，几乎人人有集，因此家中藏书很多。由于世居京师昭德坊，人称昭德先生。靖康末，晁公武避金兵入侵之乱入四川。绍兴年间举进士第。曾任四川转运史井度属官。官至敷文阁直学士、临安少尹。

一、晁公武简介

晁公武在《郡斋读书志·自序》中说：“公武家自文元公来，以翰墨为业者七世，故家多书。至于是正之功，世无与让焉。然自中原无事时，已有火厄，及兵戈之后，尺素不存也。公武仕宦连蹇，久益穷空，虽心志未衰，而无书可读，每恨之。南阳公天资好书，自知兴元府至领四川转运使，常以俸之半传录。时巴蜀独不被兵，人间多有异本，闻之，未尝不力求，必得而后已。历二十余年，所有甚富。既罢，载以舟，即庐山之下居焉。宿与公武厚。一日贻书曰：‘某老且死，有平生所藏书，甚秘惜之。顾子孙稚弱，不自树立。若其心爱名，则为贵者所夺；若其心好利，则为富者所售，恐不能保也。今举以付子，他日其间有好学者而后归焉，不然，则子自取之。’公武惕然从其命，书凡五十箧，合吾家旧藏，除其复重，得二万四千五百卷有奇。今三荣僻左少事，日夕躬以朱黄雠校舛误，每终篇，辄撮其大指论之。”这篇序写于绍兴二十一年（1151年），此时，晁公武正在荣州太守任上。晁公武得到井度赠书50箧，加上他自己的旧藏，除去重复，得书二万四千五百余卷。他对这些书进行校雠，为每一部书写提要，编成《郡斋读书志》。《郡斋读书志》

大约在宋孝宗淳熙年间刊刻。后来，晁公武对已刊行的《郡斋读书志》又做了大量的补正，经过补正的《郡斋读书志》也是在淳熙年间刊行的。

《郡斋读书志》的体例仿《崇文总目》。全书按照经、史、子、集四部分类，四部又再分类，总共是45小类。书前有晁公武的自序、全书的总序；经、史、子、集四部，每一部之前都有一篇大序。45小类中，25类有小序。小序的编排与其他目录不同，不是置于每一小类的最后，而是附在小类第一部书的解题之后。这样处理的缺点是，小序与解题易混淆，不醒目。

《郡斋读书志》吸取了自汉代刘向、刘歆以来，我国目录学的优良传统，在目录中撰写序文和提要。

《郡斋读书志》的序，或说明这一类编次的理由；或介绍这一类书的特点；或者叙述学术源流。

《郡斋读书志》的提要，充分体现了宋代目录学发展的水平，内容很丰富。提要包括：介绍成书的背景、原委；说明书籍的体例、内容；考订真伪；介绍版本情况；概述一书大旨；介绍编撰者生平事迹；补充轶闻逸事；品题是非等等。其涉及的范围很广，对于人们了解一部书的情况大有帮助。《郡斋读书志》所著录的书籍，有很多后来佚失了，但是由于《郡斋读书志》还在，通过它的序和解题，人们能够了解到已佚之书的不少情况，这就使解题目录更加显得珍贵。

二、两种版本的《郡斋读书志》

《郡斋读书志》是我国古代流传下来的第一部有解题的私人藏书

目录。

《郡斋读书志》有两种版本传世，内容互有不同。最早的是晁公武所编四卷本，由其门人杜鹏举在蜀中传刻。杜鹏举序说："先生姓晁氏名公武，校井氏书为《读书志》，凡四卷。鹏举作邑峨下，望先生沧洲之居鸡犬相闻。暇即问奇字于古松流水之间。一日，叩以此书，忻然相付。"这篇序没有注明年月。晁公武于宋孝宗乾道七年（1171）罢退。从杜鹏举序所述来看，这正是晁公武罢退之后的事。晁公武能有余暇盘桓于古松流水之间，这是有职在身之人不可能做到的。杜鹏举得到晁公武四卷《郡斋读书志》的时间，应距其罢退的时间不很远。孙猛认为，杜鹏举蜀刻四卷《读书志》，刊刻于宋孝宗淳熙七年至十一年（1180—1184）之间。这一推测是比较可信的。四卷本《读书志》刊行之后，晁公武又做了大量的补正工作。若干年以后，晁公武门人姚应绩，又编成20卷本在蜀中流传。淳祐己酉（1249），信安郡守游钧刻姚应绩20卷本《读书志》，此为衢本。也是在淳祐己酉（1249）这一年，宜春郡守黎安朝，命赵希弁依据杜鹏举所刻4卷本《读书志》作了增补。赵希弁是宋太祖九世孙，其自题称江西漕贡进士、秘书省校勘。他博学好古，藏书亦富，将自己的藏书对照晁公武《读书志》，"删其重复，摭所未有"，成附志1卷，与4卷本合刻，总为5卷。赵希弁后来得到游钧所刻姚应绩20卷本《读书志》，著录书籍多于4卷本。赵希弁摘取衢本比4卷本所增之书凡435部，8245卷，编成读书后志2卷。又因4卷本与衢本互有异同，赵希弁又作考异1卷附于编末。淳祐庚戌（1250），于宜春郡将淳祐己酉所刻5卷与所增之后志、考异合刻，这就是袁州本。

《郡斋读书志》在宋代就有两种本子流行。《宋史·艺文志》传记类著录：晁公武《读书志》20 卷；目录类著录：晁公武《读书志》4 卷。陈振孙《直斋书录解题》著录："《晁氏读书志》二十卷。昭德晁公武子止撰。其序言，得南阳公书五十箧，合其家旧藏，得二万四千五百卷。其守荣州，日夕雠校，每终篇，辄论其大指。时绍兴二十一年也。其所发明，有足观者。南阳公未知何人，或云井度宪孟也。"王应麟《玉海》卷五十二书目门载：晁公武《读书志》四卷。马端临《文献通考》卷二百七目录类著录：《晁氏读书志》二十卷。马端临《文献通考·经籍考》，主要依据晁公武《郡斋读书志》及陈振孙《直斋书录解题》。所引《郡斋读书志》，是据衢本采摭。

三、体现出目录学发展的水平

清代康熙六十一年（1722），陈师曾得旧抄袁本《读书志》，校订刊刻。袁本《郡斋读书志》自此流行。乾隆年间修《四库全书》，所收即袁本。《四库全书总目》说："《郡斋读书志》四卷，《后志》二卷，《考异》一卷，《附志》一卷。……以此本与《经籍考》、互校，往往乖迕不合。如京房《易传》，此本仅注三十余字，而马氏所引，其文多至十倍。又如宋《太祖实录》《太宗实录》《建康实录》《汲冢周书》之类，此志本仅述其撰人时代及卷数而止，而马氏所引，尚有考据议论凡数十言。其余文之多寡，词之增损互异者不可胜数。又希弁《考异》称，袁本《毗陵易传》，衢本作《东坡易传》；袁本《芸阁先生易解》，衢本作《吕氏章句》。今《经籍考》所题，并同衢本，似马端临原据衢本采掇。然如《晋公谈录》《六祖坛经》之类，希弁《考异》称，袁本所载而衢本所遗者，今《经籍考》实并引晁氏之说，则当时亦兼用袁本。疑此书已经后人删削，不特衢本不可复见，即袁本亦非尽旧文，故与马氏所引不能一一符合欤。又《前志》子部序录称，九曰小说类，十曰天文历算类，十一曰兵家类，十二曰类书类，十三曰杂艺类，十四曰医家类，十五曰神仙类，十六曰释家类。而志中所列小说类《鸡跖集》后即为《群仙会真记》《王氏神仙传》《葛洪神仙传》三种，是天文算等五类全佚，而神仙类亦脱其标目，则其他类之残阙，盖可例推矣。然书虽非旧，而梗概仍存，终为考证者所取资也。”可知修《四库全书》时，未得见衢本，衢本较袁本内容更丰富。但《四库全书总目》称袁本有残阙，实是因陈师曾刻本错简所致。嘉庆年间，吴县人汪阆源得旧抄衢本，经黄丕烈、李富孙校定，刊行于世。光绪十年（1884），王先谦得汪刊衢本与陈刊袁本。他以汪刊衢本为主，博采诸家所藏及旧抄本，校衢袁两本之异同，辨其讹误，字疏句剔，“推求晁氏著论之旨以证诸本之得失，可云用心勤而致力专者也”。（《郡斋读书志》郭嵩焘序）王先谦所校定的衢本《郡斋读书志》20卷，于光绪十年在长沙刊刻。

自清代嘉庆以来，在热心于版本目录的学者中间，掀起了一股针对《郡斋读书志》的扬衢抑袁热。张元济对这一热潮的原委始末叙述得十分清楚：“嘉庆间，瞿中溶得不全旧抄衢本，汪阆源刻家塾旧抄衢本，一时矜为秘笈。瞿氏撰《衢本考辨》一文，倡为两本优劣之论。钱大昕《十驾斋养新录》，阮元《进书录》，钱泰吉《曝书杂记》各有载笔，乃至近人王先谦，莫不推波助澜，附和瞿说。或病袁志子部脱佚五类而疑后志非赵氏原书；或夸衢本收书多几及倍而目袁志四卷为不全初稿；或误马考舍袁取衢，引为两本优劣之判。”张元济偏爱袁本，因此对嘉庆以来的扬衢抑袁之说很不以为然。

第三节 《遂初堂书目》

尤袤，绍兴十八年进士，官至礼部尚书，宋史有传。

一、尤袤简介

尤袤，字延之，无锡人。生于靖康二年（1127），卒于绍熙五年（1194），年六十八。绍兴十八年（1148）举进士。官至礼部尚书。谥文简。尝取孙绰《遂初赋》以自号，宋光宗御书“遂初堂”匾赐之。生平著述有：《遂初小稿》60卷，《内外制》30卷，《梁溪集》50卷。《宋史》有《尤袤传》。

陈振孙《直斋书录解题》著录：“《遂初堂书目》一卷，锡山尤氏尚书袤延之，淳熙名臣，藏书至多，法书尤富。尝烬于火，今其存亡几矣。”马端临《文献通考·经籍考》目录类引杨万里诚斋序曰：“延之于书靡不观，观书靡不记。每公退，则闭户谢客，日记手抄若干古书。其子弟及诸女亦抄书。一日谓予曰：吾所抄书，今若干卷，将汇而目之。饥读之以当肉，寒读之以当裘，孤寂而读之以当友朋，幽忧而读之以当金石琴瑟也。”《四库全书总目》著录：《遂初堂书目》一卷。

二、《遂初堂书目》的历史贡献

尤袤的《遂初堂书目》是现存最早的版本目录，大约作于南宋孝宗、光宗之间。尤袤收书甚富，多达3000余种，30000余卷，遂初堂是其藏书楼名，亦名万卷楼。《遂初堂书目》即是著录尤氏家藏之书。

《遂初堂书目》依经、史、子、集次序分类。经部分9类，史部分18类，子部分12类，集部分5类，总共44小类，收书近三千种。《遂初堂书目》对所收书间或记载不同的版本，主要集中于经书及正史类书。在尤袤的时代，写本书的数量多于刻本书，刻本书还不似后来那样普及，因此，尤袤对版本状况的著录很简略，未反映出刻本的地点与年月。但是尤袤开了目录著录版本的先例，这是不容否定的。尤袤《遂初堂书目》无解题，不著录书籍卷数及撰人。《四库全书总目》说："宋人目录存于今者，《崇文总目》已无完书，惟此与晁公武志为最古，固考证家之所必稽矣。"此说甚确。

尤氏《遂初堂书目》最让人称道的是其对于版本的著录，或一书一版本，或一书数版本。叶德辉《书林清话》云："自镂版兴，于是兼言版本，其例创于宋尤袤《遂初堂书目》。目中所录，一书多至数本，有成都石经本、秘阁本、旧监本、京本、江西本、吉州本、杭本、旧杭本、严州本、越州本、湖北本、川本、川大字本、川小字本、高丽本。此类书以正经、正史为多，大约皆州郡公使库本也"。

其实，《遂初堂书目》著录版本者只有52种书，其贡献主要在发凡起例、开目录标注版本之先河。

第四节 《直斋书录解题》的学术价值

陈振孙的《直斋书录解题》，是我国古代一部重要的私人藏书目录，它与晁公武《郡斋读书志》齐名，在我国目录学史上有很高的价值。

一、陈振孙简介

陈振孙字伯玉，所居号直斋，浙江安吉梅溪邸阁山（又名仓山、廪山）人。宋宁宗嘉定四年（1211）起，先后任溧水、鄞县、绍兴教授，江西南城知县。宝庆三年（1227），通判兴化军（今福建莆田）。端平元年（1234），任教于诸王宫学。三年，以朝散大夫出任台州知州兼浙东提举常平茶盐事。嘉熙元年（1237），改任嘉兴知府、浙西提举。淳祐四年（1244），由于陈振孙“研精经术，有古典型”，任国子监司业。淳祐九年（1249），以某部侍郎除宝章阁待制，致仕赠光禄大夫。陈振孙大约卒于景定二年（1261）至三年之间。

陈振孙喜藏书。在兴化时，传录夹漈山（莆田县西北）郑氏、方氏、林氏、吴氏诸家藏书51100余卷。先后从事藏书活动40年，成为当时冠绝东南的大藏书家。仿晁公武《郡斋读书志》，致力20年，著《直斋书录解题》56卷。每录一书，写一“解题”，介绍此书卷帙、作者、学术源流、版本流别，并品评其得失。为宋代私家提要目录。原书久佚，今所传乃后人自《永乐大典》辑出。还著有《吴兴人物志》《氏族志》和《书解易解》等。

陈振孙生活的南宋，正是印刷刻版兴盛的时代，私人藏书、编制目录，成为当时的风气。陈振孙早年做官时就开始搜集藏书。他所任职的浙江、江西、福建等地，出版业发达，藏书家也很多。无论在何地任职，他都没有停止对书籍的搜求。在《直斋书录解题》中，随处可见陈振孙求书的实例。如："《郃志》三卷，唐殿中侍御史凌准宗一撰。郃军即朔方军也。此本从盱江晁氏借录。"（杂史类）"往在鄞学，访同官薛师雍子然，几案间有书一编，大略述三山一郡财计。薛曰：'外舅陈止斋修《图经》，欲以为财赋一门，后缘卷帙多，不果入。'因借录之，书无标目，以意命之曰《三山财计本末》。及来莆田，为郑寅子敬道之，郑曰：家有何一之《长乐财赋志》，岂此耶？借观之，良是。其间亦微有增损，末又有《安抚司》一卷。并抄录附益为全书。"（典故类）"《九经字样》一卷，……往宰南城出谒，有持故纸鬻于道者，得此书，乃古京本，五代开运丙午所刻也。遂为家藏书籍之最古者。"（经解类广）"《尔雅新义》二十卷，陆佃撰。……顷在南城传写凡十八卷，其曾孙子遹刻于严州为二十卷。"（小学类）"《参同契分章通真义》三卷、《明镜图诀》一卷，……曩在麻姑山传录。"（神仙类）"《龙髓经》一卷，《疑龙经》一卷，《辨龙经》一卷，《龙髓别旨》一卷，《九星祖局图》一卷，《五星龙祖》一卷，《二十八禽星图》一卷，以上七种皆无名氏。并前诸家，多吴炎录以见遗。江西有风水之学，往往人能道之。"（形法类）"《雪巢小集》二卷，东鲁林宪景思撰。……余为南城，其子游谒至邑，以家集见示，爱而录之，及守天台，则板行久矣，视所录本稍多。”（诗集类下）“《梁溪易传》九卷、《外篇》十卷，……莆田郑寅子敬从忠定之曾孙得其家藏本，顷倅莆田日，借郑本传录。”（易类）“《后魏国典》三十卷，……此本从莆田刘氏借录。”（杂史类）“《三朝训鉴图》十卷，……顷在莆田，有售此书者，亟求观之，则已为好事者所得，盖当时御府刻本也。卷为一册，凡十事，事为一图，饰以青赤。亟命工传录，凡字大小、行广狭、设色规模，一切从其旧，敛衽铺观，如生庆历、皇祐间，目睹圣作明述之盛也。”（典故类）“《夹淡家传》一卷，所著书目附。莆田郑翁归述其父樵渔仲事迹。樵死时，翁归年八岁，安贫不競，顷佐莆郡时犹识之。”（传记类）“《元和姓纂》十卷，……此书绝无善本，顷在莆田以数本参校，仅得七八，后又得蜀本校之，互有得失，然粗完整矣。”（谱牒类）“《晋阳事迹杂记》十卷，……从莆田李氏借录。”（地理类）“《云笈七疆》一百二十四卷，……顷于莆中传录，才二册，盖略本也。后于平江《天庆道藏》得其全，录之。”（神仙类）“《易林》十六卷，……旧见沙随程迥所记，南渡诸人以《易林》筮国事，多奇验。求之累年，宝庆丁亥始得之莆田。……颇恨多脱误。嘉熙庚子从湖守王寺丞侑借本两相校，十得八九。”（卜筮类）“《集选目录》二卷，……莆田李氏有此书，凡一百卷。力不暇传，姑存其目。”（总集类）“《蔡忠惠集》三十六卷，端明殿学士忠惠莆田蔡襄君谟撰。近世始刻于泉州。王十朋龟龄为之序。余尝官莆，至其居，去城三里。荔子号‘玉堂红’者，正在其处。矮屋欲压头，犹是当时旧物。欧公所撰墓志，石立堂下。真迹及诸公书帖多有存者。”（别集类中）“《武元衡集》一卷，……初用莆田李氏本传录，后以石林叶氏本校，益以六首，及李吉甫唱酬六首。”（诗集类上）“《天台山记》一卷，……余假守临海，就使本道。嘉熙丙申十月，解郡符趋会稽治所，道过之，锐欲往游，会大雪不果，改辕由驿道。至今以为恨。偶见此《记》，录之以寄卧游之意。”（地理类）“《造化权舆》六卷，……余求之久不获，己亥岁从吴门天庆《道藏》中借录。”（杂家类）“《景祐天竺字源》七卷，……仁宗御制序，镂板颁行。吴郡虎丘寺有赐本如新，己亥借录。”（释氏类）“《皇祐新乐图记》三卷，刊板颁之天下。虎丘寺有本，当时所颁藏之名山者也。其末志颁降岁月，实皇祐五年十二月二十一日，用苏州观察使印，长贰押字。余平生每见承平故物，未尝不起敬，因录藏之，一切依元本摹写，不少异。”（音乐类）“《龙图阁瑞物宝目》《六阁书籍图画目》共一卷。已上平江虎丘寺御书阁有原颁降印本，传写得之。”（目录类）从上面所摘录的陈振孙在《直斋书录解题》中的自述，我们可以了解到，陈振孙藏书中的很大一部分是靠传抄得来的。他于任职之地或所到之处，随时随地都在搜集书籍。他得书的地区有：鄞县、南城、盱江、麻姑山、平江、吴郡、莆田等；书籍的来源有私人所藏，如盱江晁氏，江西吴氏，莆田李氏、郑氏、刘氏，鄞县同官范氏，著书者之后人等。还有的书籍是录自道观、寺庙以及其他处所。我们从中可以了解陈振孙求书之勤，同时也看到，南宋时期，我国浙江、江西、福建等地私人藏书很普遍，印刷出版业的确很繁荣。陈振孙与当时的藏书家相熟。他在许多地方都传抄书籍，但是他得书最集中的地点是在福建莆田，他在莆田作了大约十年的地方官。宋人周密说：“近年唯直斋陈氏书最多。盖尝仕于莆，传录夹漈郑氏、方氏、林氏、吴氏旧书，至五万一千一百八十余卷，且仿《读书志》作《解题》，极其精详。”（《齐东野语》卷十二）元人袁桷说陈振孙，“其家藏书冠东南”（《清容居士集》卷四十六）。其藏书之富，在当时和以后，都很有影响。

陈振孙有丰富的私人藏书，其数量为五万一千一百八十余卷，比南宋时期政府藏书目《中兴馆阁书目》的收书量44486卷多出六千六百九十余卷。《中兴馆阁书目》加上《续书目》著录的藏书14943卷，两者的总和，也不过比陈振孙的藏书量多8249卷。陈振孙以个人之力搜集的私人藏书，在数量上已可与政府藏书相抗衡，这说明了宋代私人藏书的新特点。

二、《直斋书录解题》编目特点

陈振孙仿晁公武《郡斋读书志》，编成《直斋书录解题》。《直斋书录解题》原为56卷，全书共分为53类。书中并未标明经、史、子、集四部之名，但是考察其53类类目的次序，仍然是按照经、史、子、集四部分类法分类，在小类的划分上，有自己的特点。其53类的排列顺序是：易类、书类、诗类、礼类、春秋类、孝经类、语孟类、谶纬类、经解类、小学类（以上属经部），正史类、别史类、编年类、起居注类、诏令类、伪史类、杂史类、典故类、职官类、礼注类、时令类、传记类、法令类、谱牒类、目录类、地理类（以上属史部），儒家类、道家类、法家类、名家类、墨家类、纵横家类、农家类、杂家类、小说家类、神仙类、释氏类、兵书类、历象类、阴阳家类、卜筮类、形法类、医书类、音乐类、杂艺类、类书类（以上属子部），楚辞类、总集类、别集类、诗集类、歌词类、章奏类、文史类（以上属集部）。原书56卷，基本是一类一卷，只别集为上中下三卷，诗集为上下二卷，故合为56卷。

《直斋书录解题》没有说明全书编写原委及宗旨的总序，或者是原有而后来佚失亦未可知。在所分的53类中，只有语孟、小学、起居注、时令、农家、阴阳家、音乐、诗集、章奏9类有小序。这9类小序的撰写，或者是由于适应学术的发展变化而增设了新类；或者是对类目所包含的内容有所变更。比如，语孟类小序说："前志《孟子》本列于儒家，然赵岐固尝以为则像《论语》矣。自韩文公称孔子传之孟轲，轲死，不得其传，天下学者咸曰孔、孟。孟子之书，固非荀、杨以降所可同日语也。今国家设科取士，《语》《孟》并列为经，而程氏诸儒训解二书常相表里，故今合为一类。"自《汉书·艺文志》以来，历代目录都把《孟子》列入子部儒家类。宋代自宋神宗熙宁以后，《孟子》被列入十三经；至宋哲宗元祐年间，以《论语》《孟子》取士。宋孝宗淳熙年间，朱熹以《论语》与《孟子》及《礼记》中的《大学》《中庸》二篇并列，始立《四书》之名。其实，《孟子》升经的酝酿在唐代就已经开始了。韩愈关于孟子为孔子传人的说法并不是孤立的。唐代宗宝应二年（763），礼部侍郎杨绾疏请《论语》《孝经》《孟子》兼为一经。唐懿宗咸通四年（863），进士皮日休请立《孟子》为学科。

到了宋代，《孟子》的儒家经典的地位最终被确立，升入经书的行列。在陈振孙之前，尤袤《遂初堂书目》经部论语类附有孝经、孟子。该类所著录之书如王逢原《语孟解》、程氏《语孟说》《颍滨论孟拾遗》《五峰论孟指南》《语孟集义》等，都是将《论语》《孟子》相提并论而合为一书。据王应麟《玉海》说，宋代以《论语》

《孟子》《孝经》为三小经。《遂初堂书目》已经反映了宋代的这一现实情况。

《遂初堂书目》以《孟子》附《论语》，在类目的名称上还未体现出《孟子》一书在儒家经典中的新地位。陈振孙根据宋代经学的现实状况，在目录中设立语孟一类，正确地反映了《孟子》在经学中的地位。以后的目录，有以《孟子》类入经部的，但《孟子》入经部，反映于类目名称，是陈振孙首创。再比如阴阳家类，小序说："自司马氏论九流，其后刘歆《七略》、班固《艺文志》，皆著阴阳家。而天文、历谱、五行、卜筮、形法之属，别为《数术略》。其论阴阳家者流，盖出于羲和之官，钦若昊天，历象日月星辰。拘者为之，则牵于禁忌，泥于小数。至其论数术，则又以为羲和卜史之流。而所谓《司星子韦》三篇，不列于天文，而著之阴阳家之首。然则阴阳之与数术，亦未有以大异也。不知当时何以别之。岂此论其理，彼具其术耶？今《志》所载二十一家之书皆不存，无所考究，而隋、唐以来子部，遂阙阴阳一家。至董逌《藏书志》，始以星占、五行书为阴阳类。今稍增损之，以时日、禄命、遁甲等备阴阳一家之阙，叩其他数术，各自为类。"先秦诸子中有阴阳家，《汉书·艺文志》著录其著述21家，然其书皆不存。

隋、唐以来目录，子部遂阙阴阳家。董逌《藏书志》以星占、五行书立阴阳一类，陈振孙增损其内容，设阴阳家一类。小序说明了增设此类的理由以及该类的内容。又如音乐类，小序说："刘歆、班固虽以《礼》《乐》著之《六艺略》，要皆非孔氏之旧也，然《三礼》至今行于世，犹是先秦旧传。而所谓《乐》六家者，影响不复存矣。窦公之《大司乐章》既已见于《周礼》，河间献王之《乐记》

亦已录于《小戴》，则古乐已不复有书。而前志相承，乃取乐府、教坊、琵琶、羯鼓之类，以充乐类，与圣经并列，不亦悖乎！晚得郑子敬氏《书目》独不然，其为说曰：仪注、编年各自为类，不得附于《礼》《春秋》，则后之乐书，固不得列于六艺。今从之，而著于子录杂艺之前。”

《直斋书录解题》目录类《郑氏书目》条云：“莆田郑寅子敬以所藏书为七录，曰经，曰史，曰子，曰艺，曰方技，曰文，曰类。”按照陈振孙小序中说，设立音乐类，是从郑子敬《书目》之例。《郑氏书目》所分7类中，很可能是艺类收入了音乐之书。陈振孙认为，六经之一的古乐已不复有书。在他之前的目录，是将乐府、教坊、琵琶、羯鼓之类以充乐类，这些书与六经的性质是相违背的。因此，他吸取了郑寅《郑氏书目》的做法，乐书不列于经部，设立音乐类列于子部杂艺类之前，以示音乐类书的地位、性质，与杂艺类相仿佛。陈振孙敢于打破旧目录乐书必列于经部的传统做法，吸取同时代目录分类的经验，根据现存乐书的性质另立新类，这种改革是大胆的，同时也是合理的。

对于一些传统类目以往的收书范围，陈振孙根据典籍的留存现状以及学术性质，做了调整，重新规定了收书的界域。比如，小学类小序说：“自刘歆以小学入《六艺略》，后世因之，以为文字训诂有关于经艺故也。至《唐志》所载《书品》《书断》之类，亦厕其中，则庞矣。盖其所论书法之工拙，正与射御同科，今并削之，而列于杂艺类，不入经录。”陈振孙根据小学类的性质，剔除了《唐志》入于小学类的《书品》《书断》等书，依其内容、特点，将其归入杂艺类。再比如，起居注类小序说：“《唐志》起居注类，实录、诏令皆附焉。今惟存《穆天子传》及《唐创业起居注》二种，余皆不存。故用《中兴馆阁书目》例，与实录共为一类，而别出诏令。”对《唐志》起居注类的收书范围做了调整，出诏令另立一类。又如时令类小序说：“前史时令之书，皆入子部农家类。今案诸书上自国家典礼，下及里闾风俗悉载之，不专农事也。故《中兴馆阁书目》别为一类，列之史部，是矣。今从之。”根据时令之书的性质、特点，依《中兴馆阁书目》之例，将其自子部农家类分出，别为一类。农家类小序说：“农家者流，本于农稷之官，勤耕桑以足衣食。神农之言，许行学之，汉世野老之书，不传于后，而《唐志》著录，杂以岁时月令及相牛马诸书，是犹薄有关于农者。至于钱谱、相贝、鹰鹤之属，于农何与焉？今既各从其类，而花果栽植之事，犹以农圃一体，附见于此，其实则浮末之病本者也。”只以农圃之书为农家类，对于《唐志》所杂之岁时、月令、相牛马等类之书，则依其性质，各归其类。其他如诗集类、章奏类小序，也都是说明该类内容及收书的范围。

《直斋书录解题》对于小序的撰写并不强求，所写9篇小序，都是由于与前志相比，类目有新的变更。9篇小序表现出陈振孙的学术观点，也反映了陈振孙辨析学术异同的清晰和条理。

三、《直斋书录解题》的解题价值

《直斋书录解题》的主要价值在于解题。解题也就是提要。它介绍作者生平，撮举一书大旨，品题得失，考辨讹谬，辨别真伪，记载版刻情况，内容极其丰富。解题目录发端于汉代，到宋代已经趋于成熟，具有相当的水平。宋代的目录一般都撰写序和提要，这是当时的风气。政府藏书目如《崇文总目》《中兴馆阁书目》《中兴馆阁续书目》等都有序和提要；史志目录如历朝所撰《国史·艺文志》，也都有序有解题。私人藏书目中，除了《郡斋读书志》《直斋书录解题》之外，还有几部是有序有解题的。比如，董逌《广川藏书志》，《直斋书录解题》著录："以其家藏书考其本末，而为之论说，及于诸子而止。"可见是有解题的。再比如，《直斋书录解题》音乐类小序说："晚得郑子敬氏《书目》独不然，其为说曰：仪注、编年，各自为类，不得附于《礼》《春秋》，则后之书，固不得列于六艺。"可知郑寅《郑氏书目》中有关于乐书归类问题之"说"，其"说"若不是解题，至少也是序。《直斋书录解题》还著录有《夹漈书目》1卷、《图书志》1卷。其解题云："郑樵记其平生所自著之书。《志》者，盖述其著作之意也。"郑樵把自己平生所著编成目录，这虽然不是私人藏书目录，但值得注意的是，郑樵为其自著之书写了提要，"述其著作之意"，这说明了在宋代，解题目录是很普遍的，无论是官修目录还是私修目录，也不论其目录的性质、特点如何，一般都要撰写序和提要。宋代的目录，大部分都佚失不传，官修目录如《崇文总目》《中兴馆阁书目》《中兴馆阁续书目》《国史艺文志》等，现在只能看到后人的辑佚本，残阙很多。私人藏书目录如李淑《邯郸书目》、董逌《广川藏书志》、田镐《田氏书目》，郑寅《郑氏书目》等都佚失了，流传下来的只有晁公武《郡斋读书志》、尤袤《遂初堂书目》及陈振孙《直斋书录解题》。《遂初堂书目》只记书名，并无解题，而《郡斋读书志》及《直斋书录解题》，便成为宋代解题目录之硕果仅存者，代表了宋代目录学的发展水平。

由于《郡斋读书志》及《直斋书录解题》的留存，使我们今天能够窥见宋代解题目录的面貌。以《直斋书录解题》来说，它产生于目录学兴盛发达的南宋时期，既可以从宋代以前的目录学成果中得到经验与借鉴，又可以从同时代的目录学著作中获取营养，受到有益的启发。它的产生并不是偶然的、孤立的，而是时代的产物，具有时代的特点。《直斋书录解题》无论是撰写小序还是解题，都不拘泥于固定的格式，而是根据实际情况而定。在所分53类中，只有9类有小序，有必要则写，无必要则不写，并不强求一律。解题的撰写也是如此，根据每一部书的具体情况决定其内容及篇幅，字数自几个字到二三百字或者更多，没有一定。内容也是灵活多样，不千篇一律，详略得当，繁简适中，常常是篇幅不长，就能够简明扼要地披露一部书的大致内容，充分体现了宋代目录学在编写提要方面所达到的高度水平。尤其值得珍视的是，《直斋书录解题》著录的书籍后来大部分都佚失了，但是由于解题尚存，这就为了解、考证已佚之古籍，提供了宝贵的资料及线索。由于解题的内容丰富多样，它所提供的参考也是多方面的。下面举例说明：

《中兴纶言集》28卷

左司郎中莆田郑寅子敬编。寅，知枢密院侨之子，靖重博洽，藏书数万卷，于本朝典故尤熟。

郑寅是《郑氏书目》的编撰者，书目已佚，解题提供了有关郑寅的家世、学识、藏书等情况。

《玉玺杂记》1卷

徐景撰。乾元元年七月记。《唐志》有徐景《玉玺正录》，即此书也。

注明《唐志》所著录是同书异名。

《独断》2 卷

汉议郎陈留蔡邕伯喈撰。记汉世制度、礼文、车服及诸帝世次，而兼及前代礼乐。舒、台二郡皆有刻本。向在莆田尝录李氏本，大略与二本同，而上下卷前后错互，因并存之。

记载了一部书的不同的版本情况。

《庐阜纪游》1 卷

开封孙惟信季蕃撰。尝大雪登山至绝顶，尽得其景物之详，嘉定初年也。惟信能为诗词，善谈谑。盖尝有官，弃去不仕，自号花翁，游江湖间，人多爱之。

述一书大致内容及著书年代，介绍著者生平之轶闻逸事。

《乘异记》3 卷

南阳张君房撰。咸平癸卯序，取晋之《乘》之义也。君房又有《胜说》，家偶无之。晁公武《读书志》以《胜说》为张唐英君房撰。又言君房著《名臣传》《蜀梼机》《云笈七簇》行于世。按君房，祥符、天禧以前人，杨大年改闲忙令所谓“紫微失却张君房”者，即其人也。常为御史属，坐鞫狱贬秩，因编修《七籖》，得著作佐郎。《七簇》序自言君房盖其名，非字也。唐英字次功，熙、丰间人，丞相商英天觉之兄，作《名臣传》《蜀梼机》者，与君房了不相涉，不知晁何以合为一人也。其误明矣。

考辨晁公武《读书志》之误。

《越中牡丹花品》2 卷

僧仲休撰。其序言：越之所好尚唯牡丹，其绝丽者三十二种，始乎郡斋，豪家名族，梵宇道宫，池台水榭，植之无间。来赏花者，不问亲疏，谓之看花局。泽国此月多有轻云微雨，谓之养花天。里语曰，弹琴种花，陪酒陪歌。末称丙戌岁八月十五日移花日序。丙戌者，当是雍熙三年也。越在国初繁富如此，殆不减洛中。今民贫至骨，种花之风遂绝。何今昔之异耶？其故有二：一者镜湖为田，岁多不登；二者和买白著，数倍常赋，势不得不贫也。

解题有感而发，通过与昔日繁富的对比，真实地反映出当时的社会生活状况，提供了宝贵的有关当时社会状况的历史资料。

《孙子》10卷

题晋孙绰兴公撰。恐依托。《唐志》及《中兴书目》并无之。余从程文简家借录。

对一书的真伪提出疑问。

《石林总集》100卷、《年谱》1卷

尚书左丞吴郡叶梦得少蕴撰。绍圣四年进士。崇、观间骤贵显，三十一岁掌外制，次年遂入翰林。中废，至建炎乃执政，然才数日而罢。平生所历州镇，皆有能声。胡文定安国尝以其蔡、颍、南京之政荐于朝，谓不当以宿累废。晚两帅金陵，当兀术临江，移三山平群寇，其功不可没也。秦桧秉政，欲令帅蜀，辞不行，忤桧意，以崇庆节度使致仕。其居在卞山，奇石森列，藏书数万卷。既没，守者不谨，屋与书俱烬于火。“石林”二字，本出《楚辞·天问》。

《章贡集》20卷

秘书监章贡李朴先之撰。绍圣元年进士。坐言隆祐之贤，废二十年，蔡京欲强致之，不屈。靖康、建炎之间，半岁五迁，而病不能行以死。其教授西京国子监也，程伊川与之甚厚，然谓其太直，以洛中风波为戒。朴笑曰：“不意此言发于先生之口。”伊川为之改容愧谢，其风节可畏也。

《义林》1卷

眉山程敦厚子山撰。其上世东坡外家也。子山为人凶险，与眉守邵溥有隙，以匹绢为匿名书，诬以罪状，抵帅萧振。振逮溥系狱鞫之。或教溥一切诬服，得不以锻炼死狱。上朝议以匿名不当受，而制司非得旨不应擅逮系郡守，遂两罢之。溥虽得弗问，而终无以自明，愤诉于天。子山之居极壮丽，一夕烬于火。后附秦桧至右史，后复得罪，谪知安远县以没。

以上三则，述作者生平经历、行事，所谓知人论世。三人皆宋人，与陈振孙相距不远，所述当可信。或可补史传之所未备，于史实有拾遗补阙之功。

《直斋书录解题》还有一个特点，它著录一部书，通常把在他之前的、主要是与他同时代的其他的目录对这部书的著录状况记载下来，更全面地反映有关此书的版本等情况。比如：

《慎子》1卷

赵人慎到撰。《汉志》42篇，先于申韩，申韩称之。

《唐志》10卷，滕辅注。今麻沙刻本才5篇，固非全书也。案庄周、荀卿书皆称田骈、慎到。到，赵人；骈，齐人，见于《史记》列传。今《中兴馆阁书目》乃曰浏阳人。浏阳在今潭州，吴时始置县，与赵南北了不相涉，盖据书坊所称，不知何谓也。《崇文总目》言37篇。

《晋朝陷蕃记》4卷

宰相大名范质文素撰，据莆田郑氏《书目》云尔。本传不载，故《馆阁书目》云不知作者。未悉郑氏何所据。

《纪闻谭》3卷

蜀潘远撰。《馆阁书目》按李淑作潘遗。今考《邯郸书目》亦作潘远，其曰“遗”者，本误也。所记隋、唐遗事。

《字林》5卷

晋幡令吕忱撰。太乙山僧云胜注。案隋、唐《志》皆7卷，《三朝国史志》唯一卷，董氏《藏书志》3卷。其书集《说文》之漏略者凡5篇，然杂糅错乱，未必完书也。

《通历》15卷

唐泉州别驾扶风马总会元撰。书本10卷，止于隋代。今书直至五代，增5卷者，后人所续也。晁公武志《续通历》10卷，孙光宪撰。太祖朝尝诏毁其书。

《习学记言》50卷

宝文阁学士龙泉叶适正则撰。自六经、诸史、子以及文鉴皆有论说，大抵务为新奇，无所蹈袭。其文刻削精工，而义理未得为纯明正大也。自孔子之外，古今百家随其浅深，咸有遗论，无得免者。而独于近世所传《子华子》笃信推崇之，以为真与孔子同时，可与六经并考，而不悟其为伪也。且既曰其书甚古，而文与今人相近，则亦知之矣。远自《七略》，下及《隋》《唐》《国史》诸志、李邯郸诸家书目皆未之有，岂不足以验其非古，出于近世好事能文者之所为，而反谓孟、荀以来无道之者，盖望而弃之也。不亦惑乎！

《直斋书录解题》著录一部书，通常都要参考其他目录的著录情况，把不同点写在解题中。如撰人姓名、籍贯的不同，书籍卷数的不同，版本的不同，分类的不同，是否收录等等，都在其记载范围之内。这样就把不同的目录对一部书的著录情况集中起来，为考证古籍的作者、篇卷、真伪、残阙、版本、分类的演变等提供了依据和线索。《直斋书录解题》参考的目录很广泛，宋代以前的有《别录》《七略》《汉书·艺文志》《隋书·经籍志》以及新旧《唐志》。宋代的目录有《崇文总目》《中兴馆阁书目》《国史艺文志》和李淑《邯郸书目》、董逌《广川藏书志》、晁公武《郡斋读书志》、郑寅《郑氏书目》。这些目录著录典籍的状况，在《直斋书录解题》中，都得到了程度不同的反映与记载。相比较之下，《直斋书录解题》对《唐志》及宋代目录的著录状况反映得更详细。

宋代的目录，除了晁、陈二目以及《遂初堂书目》，其他都佚失不传，而《直斋书录解题》却记载了这些已经佚失的书目的一些内容，这就使得后人能够藉此以窥见已佚目录之一斑，略见其面目之一二。《直斋书录解题》的功用，正如《四库全书总目》所说："古书之不传于今者，得藉是以求其崖略；其传于今者，得藉是以辨其真伪，核其异同，亦考证之所必资，不可废也。"《直斋书录解题》与《郡斋读书志》，是宋代目录学成果的典型代表。元代马端临的《文献通考·经籍考》，是采掇诸家目录、著述而成。他所采用的最主要的目录，就是《直斋书录解题》与《郡斋读书志》。马端临的这一选择，也说明了晁、陈二目的价值、地位以及在当时的影响。

第八章

宋代特殊目录学术价值

宋代以广博、会通为特点的特殊目录，有极高的学术价值。所谓特殊，是指与一般意义上的官修目录、史志目录、私人藏书目录都不同。这三部目录就是《通志·艺文略》《玉海·艺文》《文献通考·经籍考》。

宋代是史学繁荣发达的时代，在唐代的基础上更有长足的进展。历史著作体裁丰富多样，在内容上也更趋向会通、广博。历史著作的这一特点运用到目录编纂上，就出现了与一般意义上的目录完全不同的目录。

第一节　《通志·艺文略》与《校雠略》

一、郑樵简介

郑樵，字渔仲，自号西溪逸民。因隐居于夹漈山下，人称夹漈先生。福建莆田人。生于宋徽宗崇宁三年（1104），卒于宋高宗绍兴三十二年（1162），年59岁。郑樵生平好著书，不为文章，自负不下刘向、扬雄。居夹漈山，谢绝人事。游名山大川，搜奇访古，遇藏书家，必借留读尽乃去。治学涉及的范围很广，经学之外，于天文、地理、虫鱼、草木、文字、方书之学下过一番工夫。绍兴十九年（1149），郑樵把自己的著作献给皇帝，并写了一篇《献皇帝书》，表示"万一臣之书有可采，望赐睿旨，许臣料理余书，续当上进"。然后回到夹漈山中，"益厉所学"。后来，因侍讲王纶、贺允中的荐举，得召对，授右迪功郎、礼兵部架阁。又因御史叶义问劾之，改监潭州南岳庙，给札归抄所著《通志》。书成之后，入为枢密院编修官。不久，又坐言者寝其事。宋高宗到建康，命郑樵进《通志》，郑樵恰于此时病逝。《宋史》称："樵好为考证伦类之学，成书虽多，大抵博学而寡要。平生甘枯淡，乐施与，独切切于仕进，识者以是少之。"

郑樵一生著述极富，自称"山林三十年，著书千卷"（《夹漈遗稿》卷下《上宰相书》），但流传下来的很少。其最有代表性的著作是《通志》。《通志》全书200卷，包括帝纪18卷，皇后列传2卷，年谱4卷，略51卷，列传125卷。纪传删录诸史，大抵因仍旧目；年谱仿《史记》诸表之例。其注意之所在，平生精力，全帙之精华，是书中的20略。20略的性质，与唐杜佑《通典》相近。郑樵自己对于20略非常自负。他在《通志·总序》中说："臣今总天下之大学术而条其纲目，名之曰略，凡二十略。百代之宪章，学者之能事，尽于此矣。其五略，汉唐诸儒所得闻；其十五略，汉唐诸儒所不得而闻也。"5略是指《礼略》《职官略》《选举略》《刑法略》《食货略》。是各正史的书志中所有的，杜佑《通典》中也有，所以说“汉唐诸儒所得闻”。15 略是指《氏族略》《六书略》《七音略》《天文略》《地理略》《都邑略》《谥略》《器服略》《乐略》《艺文略》《校雠略》《图谱略》《金石略》《灾祥略》《昆虫草木略》。郑樵自称“凡十五略，出臣胸臆，不涉及汉唐诸儒议论”。郑樵也确有独创精神，其《艺文略》《校雠略》等，体现了郑樵在目录学方面的独特的思想。

郑樵在史学上提出了广博和会通的理论。他自述自己的治学经过说：“本山林之人，入山之初，结茅之日，其心苦矣，其志远矣。欲读古人之书，欲通百家之学，欲讨六艺之文而为羽翼，如此一生则无遗恨。忽忽三十年，不与人间流通事，所以古今之书稍经耳目，百家之学粗识门庭。”（《夹漈遗稿》卷中《献皇帝书》）他读书很博，涉及的范围很广，所以在治史上也是无所不包，有 20 略之多。至于会通，他说：“百川异趋，必会于海，然后九州无漫淫之患。万国殊途，必通诸夏，然后八荒无壅滞之忧。会通之义大矣哉！……然大著述者，必深于博雅，而尽见天下之书，然后无遗恨。”（《通志·总序》）郑樵以广博和会通作为治史的原则，他在史学上的成就这里不加评论，但他的这一原则却影响了他的目录学思想，使他在目录学领域里的贡献，也具有广博、会通的特点。

二、《通志·校雠略》对目录学的贡献

郑樵的目录学思想，集中于《通志·校雠略》。归纳起来大约有四点。

第一点是“广古今而无遗”。郑樵在《编次必记亡书论》中说：“古人编书，皆记其亡阙，所以仲尼定书，逸篇具载。王俭作《七志》已，又条刘氏《七略》及二汉《艺文志》、魏《中经簿》所阙之书为一志。阮孝绪作《七录》已，亦条刘氏《七略》及班固《汉志》、袁山松《后汉志》、魏《中经》、晋四部所亡之书为一录。隋朝又记梁之亡书。自唐以前，书籍之富者，为亡阙之书有所系，故可以本所系而求。所以书或亡于前而备于后；不出于彼而出于此。及唐人收书，只记其有，不记其无，是致后人失其名系，所以崇文、四库之书，比于隋唐，亡书甚多，而古书之亡尤甚焉。”又说：“古人亡书有记，故本所记而求之。魏人求书有《阙目录》一卷；唐人求书有《搜访图书目》一卷，所以得书之多也。……臣今所作《群书会纪》，不唯简别类例，亦所以广古今而无遗也。”郑樵认为，古人编书，皆记其亡阙，所以唐以前的书目都记亡书。记亡书就有所本，可依此而求书。所谓“古人编书，必究本末。上有源流，下有沿袭，故学者亦易学，求者亦易求。”郑樵并举例说：“隋人于历一家，最为详明。凡作历者几人，或先或后，有因有革。存则俱存，亡则俱亡。唐人不能记亡书，然犹记其当代作者之先后，必使具在而后已。及崇文、四库，有则书，无则否，不唯古书难求，虽今代宪章亦不备。”基于“纪百代之有无”，“广古今而无遗”的宗旨，郑樵编了《群书会纪》，即 20 略中的《艺文略》。《艺文略》是在《群书会纪》的基础上改编而成的。《艺文略》是《通志》中的一略，但它与一般的史志目录不同。宋代以前以及宋代的史志目录，都是依据当代官修的政府藏书目录编成的，所纪都是一代藏书之盛。而《艺文略》却不同，它既不是纪一代藏书之盛，也不是纪一代之著述，而是“纪百代之有无”，“广古今而无遗”。因此，它所依据的目录资料，就不能仅仅限于当代的政府藏书目录以及当代的私人藏书目录等，而是要广泛地利用古今的一切目录资料作为参考，方能做到“广古今而无遗”。郑樵在《校雠略》中，说明了《艺文略》著录典籍的范围：“今所纪者，欲以纪百代之有无。然汉晋之书，最为希阔，故稍略；隋唐之书于今为近，故差详。崇文、四库及民间之藏乃近代之书，所当一一载也。”由此看来，《艺文略》所著录之书，自汉至宋，略于汉晋而详于宋代。郑樵以历代的公私书目为参考资料，尽力搜集，想编成一部纪世间所有之书的目录。从时间跨度上来说，《艺文略》并不局限于一代藏书，而是包含了自汉代至宋代的藏书，这一点是宋代以前以及宋代的公私目录都不能相比的。这正是郑樵的广博思想的体现。郑樵想通过《艺文略》“纪百代之有无”，“广古今而无遗”，他当然不可能做到“无遗”，但《艺文略》囊括百代的“广博”，却是任何目录都无法比拟的。

第二点是“类例既分，学术自明，以其先后本末具在”。郑樵之所以提倡“纪百代之有无”，“广古今而无遗”，是要把古今有无之书集中在一起，统一分类，通过分类，把古今学术之本末体现出来。郑樵在《校雠略·编次必谨类例论》中说：“学之不专者，为书之不明也；书之不明者，为类例之不分也。有专门之书，则有专门之学；有专门之学，则有世守之能。人守其学，学守其书，书守其类。人有存没而学不息；世有变故而书不亡。以今之书校古之书，百无一存，其故何哉？士卒之亡者，由部伍之法不明也；书籍之亡者，由类例之法不分也。类例分则百家九流各有条理，虽亡而不能亡也。”又说：“类书犹持军也。若有条理，虽多而治；若无条理，虽寡而纷。类例不患其多也，患处多之无术耳”。“类例既分，学术自明，以其先后本末具在。观图谱者，可以知图谱之所始；观名数者，可以知名数之相承。谶纬之学盛于东都，音韵之书传于江左。传注起于汉魏，义疏成于隋唐。睹其书可以知其学之源流，或旧无其书而有其学者，是为新出之学，非古道也。”郑樵重视图书的分类，认为类例分则学术明，学术明则书不亡。对于目录的功用以及目录的分类与学术之间的关系，唐代就已有人论述。

《隋书经籍志·簿录类序》说：“汉时刘向《别录》、刘歆《七略》，剖析条流，各有其部，推寻事迹，疑则古之制也。自是以后，不能辨其流别，但记书名而已。博览之士疾其浑漫，故王俭作《七志》，阮孝绪作《七录》，并皆别行。大体虽准向、歆，而远不逮矣。”这是说，好的目录应当能够剖析条流，各有其部。而不能辨其流别，只记书名，则违背了《别录》《七略》的宗旨。唐释智升《开元释教录序》说：“夫目录之兴也，盖所以别真伪，明是非，记人代之古今，标卷帙之多少，摭拾遗漏，删夷骈赘，提纲举要，历然可观也。”释智升概括地说明了目录的功用。毋煚《古今书录序》说：“夫经籍者，开物成务，垂教作程，圣哲之能事，帝王之达典。去圣已久，开凿遂多，苟不剖判条源，甄明科部，则先贤遗事，有卒代而不闻，大国经书，遂终年而空泯。使学者孤舟泳海，弱羽凭天，衔石填溟，倚杖追日，莫闻名目，岂详家代，不亦劳乎！不亦弊乎！将使书千帙于掌眸，披万函于年祀，览录而知旨，观目而悉词，经坟之精术尽探，贤哲之睿思咸识，不见古人之面，而见古人之心，以传后来，不愈其已。”毋煚将目录的功用，解说得更加充分。到了郑樵，则更加明确地揭示了目录的分类与学术源流之间的紧密关系。郑樵不仅在理论上强调目录的分类要能够体现学术源流，他还通过《艺文略》的分类，实践他的分类理论。郑樵《校雠略·编次必谨类例论》，提到了《艺文略》的分类："欲明天者，在于明推步；欲明地者，在于明远迩；欲明书者，在于明类例。噫，类例不明，图书失纪，有自来矣。臣于是总古今有无之书为之区别，凡十二类。经类第一，礼类第二，乐类第三，小学类第四，史类第五，诸子类第六，星数类第七，五行类第八，艺术类第九，医方类第十，类书类第十一，文类第十二。"类下又分家，家下又分种。如，经一类分为9家，9家又各自分类，总共又分为88种。礼一类又分为7家，7家又各自再分类，总共是54种。《艺文略》的分类总计是12大类，12大类又分为百家，百家再分为422种。郑樵说："总十二类，百家，四百二十二种，朱紫分矣；散四百二十二种书，可以穷百家之学，敛百家之学，可以明十二类之所归。"郑樵分群书为12类，完全打破了传统的四部分类法。在郑樵之前，北宋时期有李淑《邯郸图书十志》，分群书为经、史、子、集、艺术、道书、书、画8个大类，57个子目。郑樵之后，有郑寅《郑氏书目》，将图书分为经、史、子、艺、方技、文、类7类。他们都不遵循四部分类法的成规，而是另创新法。但是郑樵《艺文略》的分类，比他们的分类更大胆地突破了四部分类法的束缚，在深度和广度上，都是它们所无法比拟的。郑樵所分的12类中，礼、乐、小学3类，从以往的经部中析出，单独成类，与经类并立；星数、五行、艺术、医方4类，按传统分类法是在子部，郑樵将它们自子部分出，单独成类。郑樵不囿于传统的学术观念及分类法，完全从书籍的性质出发，将《艺文略》中典籍按照自己的分类理论划分类别，不但突破四分法的局限，将大类扩展为12类，而且分类分到了三级，类下是家，家下又分种。郑樵说：“《易》本一类也，以数不可合于图，图不可合于音，谶纬不可合于传注，故分为十六种。《诗》本一类也，以图不可合于音，音不可合于谱，名物不可合于诂训，故分为十二种。《礼》虽一类，而有七种，以《仪礼》杂于《周官》可乎？《春秋》虽一类而有五家，以啖、赵杂于公、谷可乎？《乐》虽主于音声，而歌曲与管弦异事；小学虽主于文字，而字书与韵书背驰。编年一家而有先后，文集一家而有合离。日月星辰岂可与风云气候同为天文之学；三命元辰岂可与九宫太一同为五行之书？以此观之，《七略》所分，自为苟简，四库所部，无乃荒唐。”（《校金谁略·编次必谨类例论》）

在郑樵以前，自汉代至宋代，目录的分类经历了六分、七分最后统一为四部分类法的变化，与郑樵相距不远的北宋及南宋，又先后有李淑《邯郸图书十志》的八分法和郑寅《郑氏书目》的七分法。这是指图书分类法大类的变化。从最早的《七略》到与郑樵同时代的公私目录，小类的划分虽然数量不同，如《七略》分为38个小类；《隋书·经籍志》分为40小类；《直斋书录解题》分为53小类等，数量不同，但相同的是，都是只分到第二位，只有郑樵，分类分到了第三级，如经类分为9家，9家之一的《易》类，又再分为16种。宋代是目录学繁荣发达的时代，然而郑樵《艺文略》的分类法，无论就其广博还是细密、深入，都超越了他同时代的水平。

《艺文略》在当时并没有引起人们的重视，《艺文略》本身的使用价值也并不大，但是郑樵具有创造精神的独特的思想，其启发意义却是不可磨灭的。

第三点是求书之道。郑樵提出了搜集书籍的八种途径，这就是：一曰即类以求，二曰旁类以求，三曰因地以求，四曰因家以求，五曰求之公，六曰求之私，七曰因人以求，八曰因代以求。即类以求是指向某一行业的专家求某一类专门之书，即所谓“有专门之书，则有专门之学，有专门之学，则有世守之能”。比如，“凡星历之书，求之灵台郎，乐律之书，求之太常乐工。灵台所无，然后访民间之知星历者；太常所无，然后访民间之知音律者。眼目之方，多眼科家或有之；疽疡之方，多外医家或有之。紫堂之书多亡，世有传紫堂之学者。九曜之书多亡，世有传九星之学者。《列仙传》之类，道藏可求，此之谓即类以求。”（《校雠略·求书之道有八论》）

旁类以求，是指向相关、相通的学术门类求书。比如，“凡性命道德之书，可以求之道家；小学文字之书，可以求之释氏。如《素履子》《玄真子》《尹子》《鬻子》之类，道家皆有。如《仓颉篇》《龙龛手鉴》、郭送《音诀图》、字母之类，释氏皆有。《周易》之书多藏于卜筮家；《洪范》之书多藏于五行家。且如邢璘《周易略例正义》，今道藏有之；京房《周易飞伏例》，卜筮家有之。此之谓旁类以求。”（同上。以下不注）

因地以求，是指属何地之书，则求之于何地。比如，“《孟少主实录》，蜀中必有；《王审知传》，闽中必有。《零陵先贤传》，零陵必有；《桂阳先贤赞》，桂阳必有。《京口记》者，润州记也；《东阳记》者，婺州记也。《茅山记》必见于茅山观；《神光圣迹》必见于神光寺。如此之类，可因地以求”。

因家以求，是指向著书人之家及其后人求书。比如，“徐寅《文赋》今莆田有之，以其家在莆田；潘佑《文集》今长乐有之，以其后居长乐”。

求之公，是指向官府求书。比如，“礼仪之书，祠祀之书，断狱之书，官制之书，版图之书，今官府有不经兵火处，其书必有存者。此谓求之公”。

求之私，是指向私人求书。郑樵说：“书不存于秘府而出于民间者甚多。如漳州吴氏，其家甚微，其官甚卑。然一生文字间，至老不休，故所得之书，多蓬山所无者。兼藏书之家，例有两目录，所以示人者，未尝载异书，若非与人尽诚尽礼，彼肯出其所秘乎？此谓求之私。”

因人以求，是指针对具体之书，向有关之人求之。郑樵说：“乡人陈氏，尝为湖北监司，其家或有田氏之书。臣尝见其有荆州田氏目录，若迹其官守，知所由来，容或有焉。此谓因人以求。”

因代以求，是指“书之难求者，为其久远而不可迹也，若出近代人之手，何不可求之有”。是说因时代之近，就近以求书。

郑樵总结出八种求书的途径及方法，不但在当时有现实意义，就是在今天，也有一定的借鉴作用。

第四点是“泛释无义”。郑樵认为，书目的分类如果很清楚，能够使人一目了然，就没有必要非写提要不可。他说：“唯《隋志》于疑晦者则释之，无疑晦者则以类举。今《崇文总目》出新意，每书之下必著说焉。据标类自见，何用更为之说？且为之说也已自繁矣，何用一一说焉。至于无说者，或后书与前书不殊者，则强为之说，使人意怠。”（《校雠略·泛释无义论》）郑樵反对的是没有意义的“无说者”，“则强为之说”，并不是一概反对书目有提要。清人朱彝尊及《四库全书总目》，以为因郑樵之言，宋绍兴中，《崇文总目》被删去序释，只余书名。其实，《崇文总目》被删去序释是另有原因的，与郑樵无关。况且郑樵并不是一概反对序释。郑樵认为，书有应释，也有不应释，这要看具体情况而定。比如，“实录自出于当代，按《崇文总目》有唐实录十八部，既谓唐实录，得非出于唐人之手，何须一一释云唐人撰”；“如文集之作甚多，唐人所作，自是一类，宋朝人所作，自是一类，但记姓名可也，何须一一言唐人撰，一一言宋朝人撰”。又说：“有应释者，有不应释者，《崇文总目》必欲一一为之释。间有见名知义者亦强为之释。”（《校雠略·书有不应释论》）郑樵认为，见名知义者，如唐实录、唐宋人文集之类，但记姓名可也，属于不应释之列。《崇文总目》于不应释之书亦强为之释，因此遭到郑樵的指责。那么什么样的书属于应释之书呢？郑樵说：“《隋志》于他类，只注人姓名，不注义说，可以睹类而知义也。如史家一类，正史、编年各随朝代易明，不言自显。至于杂史，容有错杂其间，故为之注释，其易知者则否。唯霸史一类，纷纷如也，故具注。盖有应释者，有不应释者，不可执一概之论。按《唐志》有应释者而一概不释谓之简；《崇文》有不应释者而一概释之谓之繁。今当观其可不可。”（《校雠略·书有应释论》）可见，郑樵并不是一概反对书目有序释。其标准是，“睹类而知义”，“不言自显”者，可不注义说；但对于不易明、疑晦者，则应为之注释。对于书目应释不应释，不可执一概之论，而应观其可不可。郑樵的这个观点，是他总结了宋以前以及宋代的目录编制情况而提出的，这一看法是正确的。目录的提要如何撰写，要视具体情况而定，不能一概而论。宋代目录学的成果之一就是撰写提要不拘一格。著名的私人藏书目录《郡斋读书志》《直斋书录解题》，是宋代目录学水平的集中代表，两部目录的价值主要是有解题。但是这两部目录撰写解题，并不是一一为之释，有话则长，无话则短，对见名知义者、不言自显者，则只注朝代、姓名、何年及第等，余则不置一词，无说则不强为之说。其撰写提要的原则，与郑樵“泛释无义”的观点是相吻合的。郑樵的这一观点，至今也有现实意义。

第二节 《玉海·艺文》

一、王应麟简介

王应麟，字伯厚，庆元府（辖境相当今浙江省甬江流域及慈溪、象山、定海、岱山、普陀等县地）人。生于宋宁宗嘉定十六年（1223），卒于元成宗元贞二年（1296）。九岁通六经，淳祐元年（1241）举进士。初登第时曾说：“今之事举子业者沽名誉，得则一切委弃，制度典故漫不省，非国家所望于通儒。”（《宋史·王应麟传》）于是，闭门发愤，誓以博学宏辞科自见，假馆阁书读之。宝祐四年（1256），中博学宏辞科。曾任起居舍人、中书舍人、礼部侍郎兼中书舍人等职。

王应麟有博学之名，“敏悟绝人，少于书无不读，多识广闻，淹贯该洽，时已莫能出其右。及仕于朝，又尽阅馆阁之所藏，宗工巨儒咸共折服”（元李桓《玉海序》）。王应麟笃学强记，博览群书，立言持行为当时儒者之冠。平生著作约三十种，六百余卷。他的著作中，最有名的就是《玉海》。《玉海》是一部类书，全书分天文、律历、地理、帝学、圣文、艺文、诏令、礼仪、车服、器用、郊祀、音乐、学校、选举、官制、兵制、朝贡、宫室、食货、兵捷、祥瑞共21门，每门又各分子目，凡二百四十余类。时人称《玉海》："其门类之详密，则上至天文、律历，下至礼乐、器用凡二百四十余类。其所纪历代，则始于伏羲、尧舜，终于宋之末年。其摭集之书籍，则自六经、众史、百家子集、注疏、传记、谱牒、艺术，隐瞒之书靡有孑遗，纂次详备，博而有要，真足为名世之奇书"。"凡文献、典故、制度、名物，见于经史子集、传注、百家，悉加搜辑成编，钩玄摘要，殆无遗者"（《元刻玉海指挥》）。

二、《玉海·艺文》的特点

《玉海》一书的特点是：纂次详备，博而有要。《玉海》是类书，但它又与一般的类书"体例迥殊"（《四库全书总目·类书类·玉海》）。王重民先生说："在全部《玉海》的编纂方法上，都是把历史文献与图书目录互相结合在一起来编题的。这样在《玉海》的各个类目（不论大类或小类）当中，不但提供了历史文献资料，还提供了代表这些文献来源的图书目录，这是《玉海》的特征，也就是《玉海》内容和过去一切类书不同的地方了。"（《中国目录学史论丛》）这一特点贯穿《玉海》全书，自然也体现于《玉海·艺文》的体例、内容，使《玉海·艺文》具有不同于一般目录的特点。

《玉海》共200卷，全书分为21门，艺文是其中之一，有28卷，是21门中卷数最多的一门。《玉海·艺文》又分为44类，其分类如下：

1. 易拟易附　2. 书　3. 诗　4. 三礼又见礼制　5. 春秋　6. 续春秋又见编年　7. 论语　8. 孝经　9. 孟子　10. 经解总六经　11. 解正五经石经　12. 小学　13. 古文　14. 正史　15. 杂史　16. 编年　17. 实录　18. 记注　19. 政要宝训圣政　20. 论史　21. 谱牒　22. 玉牒图谱　23. 典故会要　24. 书目藏书　25. 诸子又见著书等类　26. 总集文章　27. 承诏撰述类书　28. 著书杂著别集　29. 赐书详见御书　30. 图　31. 图绘名臣　32. 记志　33. 传　34. 录　35. 诗歌　36. 赋　37. 箴　38. 铭碑观纪功　39. 颂　40. 奏疏策　41. 论　42. 序赞　43. 经　44. 艺术

其分类虽未标明经史子集，但44类的排列顺序，基本上是按照经史子集四部分类法的成规来划分，但个别类目又与传统的四部分类法不同。比如续春秋一类，列于春秋与论语之间，其位置显然是在经部，但我们看这一类的内容，主要是收录冠有“春秋”二字的史书，如《吴越春秋》《战国春秋》《楚汉春秋》等，甚至还收录了一般目录都列于子部杂家类的《吕氏春秋》一书，说明其分类标准，主要是以外在的形式区分类别。再比如诸子类，包括儒家、道家、阴阳家、法家、名家、墨家、纵横家、杂家、小说家共九家，儒家有曾子、漆雕子、牟子、文中子等；道家有鬻子、老子、庄子、亢仓子等；阴阳家有邹子、容成子；法家有李子、申子；名家有邓析子、尹文子；墨家有田俅子、墨子；纵横家有蒯子、鬼谷子、补阙子；杂家有尉缭子、尸子、淮南子、傅子；小说家有务成子、炙毂子等。诸子类主要依据汉代至宋代的公私目录有关诸子的著录以及典籍中有关诸子的记载，诸子各家的次序依照《汉书·艺文志·诸子略》的次序排列（王应麟诸子类少农家，归入食货门农书类），每一家又以时代先后排列。诸子类所收诸子，一律是其名称冠有“子”的，否则不收。比如贾谊、晁错、董仲舒等，属汉代诸子，但习惯上不以贾子、晁子、董子称呼，因此诸子类不收，而入著书类。再比如录类，只收名称有“录”字的典籍，而不问其内容、性质的区别。《魏海内士品录》是传记类书；《唐封禅录》是仪注类书；《唐谏录》是奏疏类书；《晋百官仪服录》属职官类。王应麟将这些内容、性质不同的书收在一类，只因这些书的名称都有一个“录”字。

三、《玉海·艺文》历史价值

《玉海·艺文》的内容，是由自汉代至宋代的目录以及各种典籍辑录而成的，因此《玉海·艺文》保存了大量的古代文献典籍材料。其中的不少典籍，后来佚失了，但却赖《玉海》得以留存，后人通过《玉海》，可以窥见许多已佚之书的面貌。

《玉海·艺文》不同于一般的目录，它综合了目录与类书的特点，是具有类书性质的目录，是具有目录特点的类书。它的取材广博，是其他任何目录所无法比拟的。郑樵的《艺文略》是著录广博，在广博这一点上，《玉海·艺文》堪与《通志·艺文略》媲美。

1. 与一般目录有同有不同

所谓同，是指其分类的次序基本按照传统的经史子集四部分类法的次序排列，其类目名称也基本采用一般目录的类目名称。其分类与一般目录的不同在于，排列的次序，并不是严格地遵循经史子集四部分类法的次序。比如续春秋类，所收基本上是历史书籍，但其排列次序却在经部。再比如艺术类，所收属数术、方技类书，一般的目录是将其列入子部的，而《玉海·艺文》把艺术类置于诗、赋、颂等集部书的后面。这是分类的次序与一般目录不同。其分类的标准也与一般的目录不同。一般的目录，是根据书籍的内容、性质分类，性质相同的书归入一类，书名是不能作为分类的标准的。而《玉海·艺文》的分类，有不少是以书名来分类的。比如论类，汉郑玄《六艺论》，《隋书·经籍志》入论语类；晋戴逵《竹林七贤论》，《旧唐书·经籍志》入杂传类；汉桓宽《盐铁论》，《汉书·艺文志》入儒家类；晋李充《翰林论》，《隋书·经籍志》入总集类。虽然书名都有一个"论"字，但内容、性质各不相同，分属于经史子集各部。一般的目录是不会将这些性质不同的书收归为一类的，但《玉海·艺文》却将这些书入论类。再比如经类，《黄帝四经》，《汉书。艺文志》入道家类；《黄帝内经》，《汉书·艺文志》入医经类；《黄帝占梦经》，《汉书·艺文志》入杂占类；《清化经》，《旧唐书·经籍志》入儒家类。这些书，分属于诸子、数术、方技等不同类别，因为书名都有一个"经"字，《玉海·艺文》便将它们归入经类。《玉海·艺文》之所以如此分类，是因为《玉海》是类书，分类具有类书的特点，以外在的形式作为分类的标准，与目录的按书籍性质分类不同。

2. 与一般的目录编纂体例不同

一般的目录是于每一类中著录同一类的书目，依时代先后排列。《玉海·艺文》在每一类中所著录的，与其说是书目，不如说是题目。这些题目有的是书目，有的是与这一类有关的背景材料。比如孟子类，所列题目有：孟子11篇；汉赵岐注孟子；外书4篇；汉孟子章句；唐六家孟子；唐续孟子；祥符孟子音义、正义；元祐五臣解孟子；淳熙孟子集注或问、精义。这些题目实际上是为汉代至宋代有关孟子的著作源流，提供了一个大致的线索。每一题目之下，都列有从目录或有关典籍中辑录的材料，以资说明。如“外书四篇”这一题目下，列有引自不同典籍的有关孟子“外书四篇”的各种说法。这些典籍是：东汉赵岐的《孟子题辞》，王充《论衡》，扬雄《法言》，刘向《说苑》，颜之推《颜氏家训》，《汉书·伍被传》，《史记》注，《艺文类聚》，《礼记·坊记》注，《史通》，《文选》注。这些典籍有关《孟子》中“外书四篇”的说法，都被辑录，集中列于“外书四篇”这一题目之下。再比如诸子类，所列题目有：汉诸子略，汉诸子博士，唐十七类子录等。“汉诸子略”这一题目下，列有《汉书·艺文志·诸子略》中九流十家的典籍著录状况及典籍数量。“汉诸子博士”这一题目，引《汉书·刘歆传》《孟子题辞》中有关原文，作为对这一题目的说明与注解。“唐十七类子录”这一题目之下，辑录了《唐书·艺文志》子部所分的17类，以及每一类典籍著录的起讫和所收典籍的数量。另外，《唐六典》及刘勰《文心雕龙》《后汉论》《北史》等书中与子部、诸子有关的资料、论述也列于这一题目之下。

以上所列诸子类中的三个题目，都不是书名。“汉诸子略”一条，反映了汉代诸子的流别以及诸子各家典籍著录的状况。“汉诸子博士”一条，提供了汉初诸子博士罢立的情况。“唐十七类子录”一条，记录了唐代子部的内容。再看以书名作题目的条目的著录方式和内容：如“晏子”一条，曰：“《汉志》儒家八篇。名婴，谥平仲，相齐景公。《隋志》（《唐志》同）晏子春秋七卷。《史记》：晏平仲者，名婴。莱之夷维人也。事齐灵公、庄公、景公。节俭力行，既相齐，食不重肉，妾不衣帛。其在朝，君语及之即危言；语不及之即危行。国有道，则顺命无道，则衡命。以此三世显名于诸侯。太史公曰，吾读管氏《牧民》《山高》《乘马》《轻重》《九府》及《晏子春秋》，详哉其言之也。"辑录了《汉志》《隋志》《唐志》对《晏子》一书著录的内容，并引《史记·晏子列传》中有关晏子生平行事作为补充材料，以提供读者对"晏子"其人、其书的了解。再比如"列子"一条：《汉志》道家8篇。名圄寇，先庄子。《隋志》8卷，晋张湛注（《天瑞》至《说符》)。旧20篇，刘向去重复，存者8篇（向校《列子》书，永始二年八月壬寅上)。柳宗元曰：杨朱《力命》，疑其杨子书。天宝初，号《冲虚真经》。景德四年二月丙寅，加至德二字。唐殷敬顺撰释文。徽宗御制解。王晓《列子旨归》一篇辑录了《汉志》《隋志》中著录的《列子》一书的内容，并提供了唐宋时期有关《列子》的著述及其他情况。

通过分析诸子类中题目的内容，我们可以看到，《玉海·艺文》的著录体例，是把书目与有关的文献材料相结合，使之成为一个整体，互为补充，互相发明。比如，"汉诸子略"与"唐十七类子录"两条，可以使读者了解自汉代到唐代，诸子一类在目录中发生的演变；而书目条，使读者不但了解了历代目录对这一部书著录的情况，还可以通过所引用的典籍材料，了解其书其人的许多其他情况。读者不但了解了诸子类中有哪些书目，同时就便了解了与这一类学术有关的历史文献材料，不仅仅是了解一部或两部书的情况，而是扩展到了解这一类的完整情况，这样，所给予读者的，是一个比一般目录广阔得多的天地。当然，由于《玉海·艺文》的类书性质，它在诸子类中所收诸子书很不全，它只收书名冠有“子”字的子书。但它对于类似这种情况在书中都有注明，如诸子类注明“又见著书等类”，说明诸子类未收的诸子之书，又见于著书类及其他类中，读者可依其注而查其类，继续索检，以睹诸子全貌。

第三节 《文献通考·经籍考》

一、马端临简介

马端临，字贵与，江西乐平人。他是宋末元初时期的人，生于南宋理宗宝祐二年（1254），卒于元泰定帝泰定元年（1324）以后。其父马廷鸾曾任南宋朝廷宰相。宋度宗咸淳九年（1273），马端临十九岁，中漕试第一。此时，马廷鸾因忤逆权臣贾似道而去朝，马端临随父家居。廷鸾去世后，元初，马端临曾短期出任慈湖书院、柯山书院山长、教授等职，后终于台州儒学教授。马端临一生的大部分时间，是隐居家乡著书度过的。他用了二十余年的时间，写出了《文献通考》这部著作。

马端临在史学观点上，与郑樵会通的思想是一脉相承的。他认为，自班孟坚之后，“断代为史，无会通因仍之道，读者病之”（《文献通考·序》，以下同，不注）。至司马光作《资治通鉴》，“取千三百余年之事迹，十七史之纪述，萃为一书；然后学者开卷之余，古今咸在”。但是司马光之书，“详于理乱兴衰，而略于典章经制，非公之智有所不逮也，编简浩如烟埃，著述自有体要，其势不能以两得也”。于是，马端临想写出一部通纪历代典章制度的著作，以与详于历代理乱兴衰之事迹的《资治通鉴》相为表里，相为辅翼。

在马端临之前，有唐代杜佑《通典》一书，是我国第一部记述典章制度的通史，上溯唐虞，下迄唐代天宝年间。全书分 8 个门目，每门又各分子目，以类相从，记载历代典章制度的沿革。马端临以为《通典》“纲领宏大，考订该洽”，但“节目之间，未为明备；而去取之际，颇欠精审”，于是在《通典》的基础上，进行调整、扩充，写成《文献通考》348 卷。全书共分 24 个门目，其中田赋、钱币、户口、职役、征榷、市籴、土贡、国用、选举、学校、职官、郊社、宗庙、王礼、乐、兵、刑、舆地、四裔 19 个门目，是在《通典》所分食货、选举、职官、礼、乐、兵制、州郡、边防 8 个门目的基础上，“增益其事迹之所未备，离析其门类之所未详”而成的，其内容基本是“效《通典》之成规”，在年代上，补天宝以后之阙至宋代嘉定之末。新增加的门目有经籍、帝系、封建、象纬、物异五种，都是《通典》所无，由马端临“采摭诸书以成之”。

《文献通考》一书的编纂体例以及选材宗旨，马端临在《文献通考·序》中说得很清楚：“凡叙事，则本之经史，而参之以历代会要，以及百家传记之书，信而有征者从之，乖异传疑者不录，所谓文也。凡论事，则先取当时臣僚之奏疏，次及近代诸儒之评论，以至名流之燕谈，稗官之记录，凡一话一言，可以订典故之得失，证史传之是非者，则采而录之，所谓献也。其载诸史传之纪录而可疑，稽诸先儒之论辨而未当者，研精覃思，悠然有得，则窃以己意附其后焉。命其书曰《文献通考》。……其每门著述之成规，考订之新意，则各以小序详之。”由此可见，文是指纪古今有关典章制度之事迹；献是指录古今有关典章制度之言谈。对事迹之可疑，言谈之未当者，参以己意附其后，谓之考。对每一门的著述体例、考订之新意，都通过小序详细说明。

《文献通考》主要是辑录典籍，编排而成的。马端临在早年，就有志于缀辑。他“家藏坟索，插架之收储，趋庭之问答，其于文献，盖庶几焉”。家中藏书很多，从小又受到家庭的熏陶，深知典籍文献具有“藉以稽考”“足资讨论”的价值。由于“尝恐一旦散佚失坠，无以属来哲，是以忘其固陋，辄加考评。旁搜远绍，门分汇别”。恐其散佚失坠，而要加以缀辑、保存，这大概是马端临以辑录典籍的方式编纂《文献通考》的原因之一。

马端临所生活的宋末元初时代，我国的历史学已经发展到了高峰。各种体裁的历史著作涌现出来，并趋于成熟。另一方面，由于雕版印刷术的逐步普及、推广，极大地促进了宋代的出版事业。由于刻书、得书都比较容易，使得宋代的学术文化呈现出前所未有的繁荣景象。典籍著作的大量涌现，为学者们著书、编书提供了丰富的参考资料和客观物质条件。在马端临之前，宋代有司马光《资治通鉴》、郑樵《通志》等书，都是卷帙浩繁的鸿篇巨制，而且都是通史。这绝不是偶然的，这是宋代学术水平的反映，是历史文化事业发展的结果。在马端临之前，与马端临相隔不远，王应麟编纂了《玉海》200 卷。《玉海》不是通史，是类书，但其广泛采摭历史文献资料，包罗宏富，在这一点上，与马端临《文献通考》有异曲同工之妙。《玉海》写成于宋而刻成于元，马端临并未见到此书，但这两部书却有着相同与相通之处。如，清人李振裕说："贵与之书与涑水《通鉴》相为表里，而先生之书（按指王应麟《玉海》）又与鄱阳《通考》相为经纬，二者均有功于史学，缺一不可，是以兼行而并重也。"（《玉海·序》）另一位清人张华年说："《玉海》一书，与《通典》《通志》《通考》诸书相为表里。其于礼乐、制度因革损益之故，历历可考，汇为二百余卷。"（同上）可见，前人不仅将《文献通考》与《玉海》相提并论，并且将这两部书与《通志》《资治通鉴》相比附，这说明，宋代所产生的大规模的历史著作，都具有时代的共同特点，这就是会通、广博。这一特点也贯穿于马端临的《文献通考》。

《文献通考》中的《经籍考》一门，共有76卷，是全书24门中卷数最多的一门。《经籍考》在广博、会通这一点上与郑樵《通志·艺文略》、王应麟《玉海·艺文》有相同、相通的地方。因此，它虽然也可以算作是史志目录，但却与一般的史志目录不同。另一方面，它与《通志·艺文略》《玉海·艺文》虽然有共同点，但在编纂体例上又具有完全不同的特点。

二、《文献通考·经籍考》的历史价值

宋代是史学高度发展的时代，也是目录学业已成熟的时代。马端临的《经籍考》，充分地利用了史学与目录学的成果，在吸取前人经验的同时又有新的创造，在目录学发展史上做出了贡献，并对后人产生了影响。

马端临在《文献通考·序》中说："汉隋唐宋之世俱有艺文志，

然《汉志》所载之书以《隋志》考之，十已亡其六七；以《宋志》考之隋唐，亦复如是。……夫书之传者已鲜，传而能蓄者加鲜，蓄而能阅者尤加鲜焉。宋皇祐时，命名儒王尧臣等作《崇文总目》，记馆阁所储之书而论列于其下方。然止及经史而亦多缺略，子集则但有其名目而已。近世昭德晁氏公武有《读书记》，直斋陈氏振孙有《书录解题》，皆聚其家藏之书而评之。今所录，先以四代史志列其目，其存于近世而可考者，则采诸家书目所评，并旁搜史传、文集、杂说、诗话；凡议论所及，可以纪其著作之本末，考其流传之真伪，订其文理之纯驳者，则具载焉。”据此可知，《经籍考》所著录之书，是根据汉隋唐宋四代史志目录“列其目”；其存于近世而可考者，则书目下有提要。提要来自“诸家书目所评”，主要是宋代的官修、私修提要目录，如《崇文总目》《国史艺文志》《郡斋读书志》《直斋书录解题》。除此之外，还旁搜史传、文集、杂说、诗话等各种典籍，凡涉及著作之本末，考订其流传真伪、文理纯驳者，俱辑录，作为提要，列于书目之下。

1. 《经籍考》在体例上的特点是以辑录为主

其分类依四部分类法，经部分为 13 类，史部分为 14 类，子部分 22 类，集部分 6 类。子目的设置归属，参考汉隋唐宋四代官修、私修目录的分类，斟酌优劣，择其善者而从之。如对以往目录的分类有所调整，则附有按语说明其理由。如经部乐类按语说：“古者，诗、书、礼、乐皆所以垂世立教，故班史著之六艺，以为经籍之首。流传至于后世，虽有是四者，而俱不可言经矣。故自唐有四库之目，而后世之所谓书者入史门，所谓诗者入集门，独礼乐则俱以为经。于是，以历代典章仪注等书厕之六典、仪礼之后；历代乐府、教坊诸书厕之乐记、司乐之后，猥杂殊甚。陈氏之言（按：指陈振孙《直斋书录解题》音乐类小序）善矣。然乐者，国家之大典，古人以与礼并称，而陈氏《书录》则置之诸子之后而侪之于技艺之间，又太不伦矣。虽后世之乐不可以拟古，然既以乐名书，则非止于技艺之末而已。况先儒释经之书，其反理诡道为前贤所摈斥者，亦沿经之名，得以入于经类，岂后世之乐书，尽不足与言乐乎？故今所叙录，虽不敢如前志相承以之拟经，而以与仪注、谶纬并列于经解之后，史子之前云。"陈振孙不欲将乐府、教坊之类的书与六经相混杂，破除传统的做法，将这部分书置于子部杂艺类之前，这种做法是大胆的，也是合理的。马端临则以为"太不伦矣"，足见其观念的保守。但是，《经籍考》也并未将乐类列于礼类之后，而是以乐与仪注、谶纬并列于经解类之后，置于经部之末。其实，这说明马端临未尝不觉得陈振孙的做法有道理，只是不敢与传统观念相乖违，才采取了一种折衷的办法。马端临叙述乐类在分类上的变化源流清晰，这是其按语的长处。

再比如正史类按语说："班孟坚《艺文志》《七略》无史类，以《世本》以下诸书，附于《六艺略》春秋之后，盖春秋即古史，而春秋之后，唯秦汉之事，编帙不多，故不必特立史部。后来传代既久，史言渐多，而述作之体亦不一。《隋志》史之类已有十三门，唐以后之志皆因之。然《汉志》所录《世本》以下九书，《隋志》则以《太史公书》入正史门；《战国策》《楚汉春秋》入杂史门，而其余诸书，则后学所不尽见，无由知其合入何门矣。故姑以此九者尽置之正史之首云。"马端临对《汉志》所著录的9部史书，在分类上做出了不同于《汉志》《隋志》的处理，于是加按语说明其理由。

这类按语还有，兹不一一列举。总之，马端临以加按语的方式，表明自己对以往目录的分类所做的一些调整，其叙述分类之源流，眉目清晰，使人一览之下而知其原委。

2.《经籍考》总序所有子目皆有小序

与一般目录的总序、小序不同的是，它们不是由马端临撰写的，而是从各种典籍中辑录而成的。比如，史部故事类的小序，就是辑录了《隋书·经籍志》旧事类与宋代《三朝国史艺文志》故事类小序而形成的。子部释氏类小序，辑自《隋书·经籍志》《郡斋读书志》《直斋书录解题》《朱子语录》以及叶适的著作。小序置于每一类之首。小序后面，是汉隋唐宋四代史志目录，对这一类典籍著录的数量的统计。四代史志目录是指《汉书·艺文志》《隋书·经籍志》《新唐书·艺文志》以及宋代的四部《国史艺文志》，即《三朝国史艺文志》《两朝国史艺文志》《四朝国史艺文志》《中兴国史艺文志》。然后就是这一类的书目依年代先后排列，每一书目都有提要，或称解题。提要也是从各种书籍中搜集而成的。

比如，《孔安国尚书注》13 卷，这部书的提要，是辑录了《郡斋读书志》《直斋书录解题》《容斋随笔》《朱子语录》以及叶梦得的著作等有关典籍的内容而组成的。再比如，《百官公卿表》145 卷，书目下辑录了《郡斋读书志》中此书提要，作者司马光的自序，《直斋书录解题》的提要，巽岩李氏序等内容。有时，在所辑材料的最后，还有马廷鸾或者马端临的按语。马端临所采用的提要目录，最主要的是《郡斋读书志》与《直斋书录解题》。其中《郡斋读书志》采用的是衢本。马端临广搜博采以作《经籍考》，他之所以这样做，用他自己的话说，是要“俾览之者如入群玉之府而阅木天之藏，不特有其书者，稍加研究即可以洞究旨趣；虽无其书者，味兹题品亦可粗窥端倪，盖肄见洽闻之一也”。（《文献通考·序》）马端临是要让阅读《经籍考》的人，如同走进了传说中西王母的群玉之府，可以饱览丰富的典藏。不仅有其书者，借助提要稍加研究即可明了一书旨趣；即使无书之人，通过阅读提要，也可略知一书之大概，于广博而知其万一。《经籍考》也确实能够起到这样的作用。由于它旁搜广采，它所提供的参考价值，比一般的提要目录大得多。一般的提要目录是由一个人或者几个人撰写的。如官修的《崇文总目》是由欧阳修等人分工合作完成的；《郡斋读书志》是由晁公武独力完成；《直斋书录解题》是陈振孙一人所为。即便《崇文总目》是由数人完成，其每书的提要、每类的小序，也出自具体撰写人一人之手。而《经籍考》却不同。它的小序、提要都是采自各种典籍。如子部农家类小序，采自《汉书·艺文志》《三朝国史艺文志》《直斋书录解题》，其实是集中了汉代至宋代的学者对这一学术流别的看法。如《管子》一书的提要，就有晁氏（晁公武）曰，东坡苏氏曰，水心叶氏（叶适）曰，高氏（高似孙）《子略》曰，周氏《涉笔》曰，陈氏（陈振孙）曰，《崇文总目》曰，等等。这就相当于时代不完全相同的几个人，为同一部书写提要，或者是时代不同的人，为同一学术流别写小序，有时代的区别，有人与人之间的区别，写出的提要或小序自然有观点的不同，角度的不同，所能够给予读者的启发会更大，也更能够拓展读者的眼界，使读者有可能从更多的方面和不同的角度去了解一部书，比起出自一人之手的提要、小序，会多一些全面，少一些局限。这种目录的价值与作用，是一般的提要目录所不能够比拟的。

3.《经籍考》典籍资料量大范围广

以目录著作来说，宋代的几部主要的提要目录它都采用了。除了《郡斋读书志》与《直斋书录解题》完整地保存下来了，其他几部提要目录，如《崇文总目》残阙不全；四部《国史艺文志》都佚失不存。《经籍考》中辑录了《崇文总目》及《国史艺文志》的部分原文，后世学者以辑佚的方式力图恢复《崇文总目》及《国史艺文志》的原貌时，《经籍考》是重要的依据之一。

在我国目录学发展史上，宋代是一个重要的时期。中国古代的目录学在宋代得到了全面的发展，并走向成熟。宋代在史学上的成就也很突出，受到史学成就的影响并与之相联系，产生了超越前代、气势宏大、采用特殊体例的目录。宋代的目录学以其不同于其他时代的独特的风格特点，在目录学史上写下了光辉的一页，为中国古代目录学的发展做出了重大贡献。

第九章

宋代目录学发展成就

宋代是我国封建经济发展较快的时期，农业生产的恢复，手工业和商业的发展为社会经济的繁荣奠定了坚实的基础。由于雕版印刷术在宋代非常活跃，更兼活字印刷术的发明、手工业书坊兴盛和商业交通的发达，为书籍的刻印和流传创造了有利条件。因此，宋代官私所藏书典，远逾前代，达到我国中世纪的高峰，其目录学发展成就极为显著。

第一节　丰硕的数量和成熟的叙录体

伴随经济的发展和丰厚文化底蕴的孕育，到有宋一代，目录学的发展进入一个明显的飞跃阶段，目录学诸多领域都取得了丰富的成果，极大地丰富了我国古典目录学宝库。

一、书目数量闳富

宋王朝的建立结束了五代十国的分裂局面，赵宋统治者奉行重文轻武的基本国策，以“文德致治”。宋初为广泛搜求坟典，于太祖乾德四年、太宗太平九年、仁宗嘉祐五年便不断下诏征集图书，又多次编制和公布阙书目录，并对民间献书人中“堪任官职者具以名闻”。初时仅有万卷之书，而至开宝（距建国10年）图书即增至八万多卷。

同时，由于雕版印刷术的广泛利用，图书数量大增。这时有政府藏书的崇文院、秘阁、太清楼、龙图阁、天章阁、宝文阁等；也有书院的藏书。时宋代书院有397所，集于江西、福建、浙江、湖南等地，其中尤推白鹿、岳麓等书院为最。这些书院活动有三：讲学、供祀、藏书。还有私人也纷纷藏书，最具代表的有叶梦得、晁公武、尤袤、陈振孙等人。这为图书编目工作创造了物质条件，使得这一时期书目的数量远富前代。

从官修书目来看，始于汉代的第一部官修书目《七略》以降，后世历代群起睹效，其间有魏郑默《中经》，晋荀勖之《中经新薄》、南北朝之《元徽四年四部书目》、隋唐之《隋大业正御书目》和《古今书录》等，直至宋代，有太祖乾德元年之（乾德史馆新定书目》、太平兴国九年《太平兴国搜访书目》、真宗咸平元年之《咸平馆阁图籍目录》《祥符龙图阁书目》、真宗景德之《景德太清楼书目》，庆历元年，产生对后世影响深远的鸿篇巨制——《崇文总目》，徽宗时修《崇目》而成的《秘书总目》，至南宋搜访图书而甫有《四库阙书目》《秘书省续编到四库阙书目》，尔后孝宗淳熙五年的《中兴馆阁书目》及《读书目》，此外有《玉宸殿书目》《嘉祐楼访书目》《皇祐秘阁书目》《禁书目录》等。据汪辟疆先生统计，宋代官修书目前后共有15种之多，其数量可谓雄踞各代之上。不唯如此，宋代官目在编修上也独有创意，即编有阙书目录或求遗书目，尽管前朝已有此举，但其规模及著录内容远不及宋，这极大地丰富了官目的著录事项。

从史志目录来看，宋朝十分注重修撰本朝的历史即“国史”，而每种国史都有“艺文志”。在宋代，前后计有七次，因而宋代有七种《国史艺文志》，如《三朝国史艺文志》《两朝国史艺文志》等。属于这类史目的还有《新唐书·艺文志》和《通志·艺文略》。从这一时期史目来看，不仅数量上远逾前代，而且开创了目录发展史上当代史志目录的先例。

从私家目录来看，宋代由于雕版印刷术和文化事业的发达，私人藏书风气日盛，藏书数万卷的大家颇多，宋人周密于所著《齐东野语》列藏书家甚备，多者五万余卷，其中很多藏书家都编有书目，例如江正的《江氏书目》、田镐的《田氏书目》、李淑的《邯郸图书志》、李德刍的《邯郸再集书目》、陈振孙的《直斋书录解题》、晁公武的《郡斋读书志》。其中，晁氏与陈氏书目不仅是宋代私家目录的代表作，也历来被公认为私家目录的双璧。

蔚为壮观的各类书目，形成了宋代目录的繁荣局面，不仅在数量上占绝对优势，而且在编纂形式上也形成自己的特色，为研究我国的古典目录学留下一份珍贵的遗产。

二、叙录体例日臻完备

“辨章学术，考镜源流”是我国古典目录学的优良传统，自汉刘向、刘歆起就注重通过总序、小序等来揭示一书作者生平、思想内容、文献真伪，即创叙录体解题。此举历经隋唐，日臻完备于宋代。

首先是《崇文总目》的叙录，在继承前人的基础上有所发展。刘氏所作书录偏重对作者介绍，叙录内容多引《史记》，如《管子叙录》《韩非子叙录》皆采《史记》本传。而《崇目》独有创意，于各类有序，并将作者、内容、篇卷进行综合叙录，即所谓“每条之下，具有论说”，“一书之义，必举其纲”的较为完善的叙录体解题形式，并影响同时代之私家目录。

其后，南宋晁氏力擎其帜，在《崇文总目》基础上进一步提高了书目解题的学术价值，并将这种思想尽现于《郡斋读书志》中。该志在经、史、子、集四部都有总序，每书下设提要，或述作者略历，或论书中要义，或明学术渊源，或列不同学说，并详加考证。每书解题，“议论精博，不主一家”，论述精辟、独到。晁氏书志是我国第一部有提要的私家目录，至后世影响甚大，《直斋书录解题》和《文献通考·经籍考》皆效法于此。

与晁氏并称的有陈振孙的《直斋书录解题》，它于各书之下“各详其卷帙多少、撰人名氏，而品题其得失，故曰‘解题’”。该书解题范围包括评论人物、品评图书价值、介绍图书内容、记述选材，或记撰述时间、记图书版本。该书不仅解题内容涉及广泛，而且直创书目使用“解题”之名，它并将传统的目录学和新兴的版本学融于解题之中，丰富了解题的内容。《四库全书总目提要补正》中称“解题叙述诸书源流，州分部居，议论明切，为藏书家著录之准绳”，《四库全书总目提要》中也说它“古书之不传于今者，得藉是以求其崖略；其传于今者，得藉是以辨其真伪，核其异同，亦考证之所必资，不可废也”。

晁、陈二书，收录完备，解题详尽，特别是在官目《崇文总目》删佚全，后又无佳目的情况下，成为有参考价值的资料，被誉为“著录家之首”。它们为古典目录学的发展做出了创制体裁，保存了宋以前珍贵的学术资料。

第二节　目录学理论与实践的新成就

一、目录学理论系统的突破

中国古典目录学历史悠久，在目录学历史长河中，不乏优秀的目录学家闪烁古今，但令人叹惋的是，他们的丰富经验和真知灼见常未有专著传乎后世，间或记述于古典书目的序跋中，抑或散见于学者的文集、杂著中。

宋代是目录学深入发展，目录巨著连续产生的时代。这时，从理论上高屋建瓴地对我国目录学进行一次全面系统的理性总结，已成为这门学科发展的客观要求。宋代目录学事业的重大成就就在于开始对目录学的专门研究，而郑樵则是这方面研究卓有成就的目录学家，他所纂修《通志》中的《校雠略》《艺文略》等，代表了目录学理论研究的最高峰。他的目录理论主要是：

（1）提出书目分类理论。郑樵明确提出了“学之不专者，为书之不明也，书之不明也，为类例之不分也……类例分，则百家九流，各有条理”的思想。如果说，在郑氏以前人们在编纂书目时已经重视并使用图书分类的话，那么他则从理论上阐明了类例可剖析学术源流、纲纪群籍的观点。

（2）关于图书搜集的理论。自汉以来，历代封建统治者虽多次“求遗书于天下”，但是搜集资料应注意什么，却很少人注意。而郑樵有“十年搜访图书”的经验，并总结为带规律性的八条原则，作《求书之道有八论》，即“一曰即类求书，二曰旁类以求，三曰因地以求，四曰因家以求，五曰求之公，六曰求之私，七曰因人以求，八曰因代以求”这些搜集图书资料的经验和理论至今仍有指导意义。

（3）关于目录编制的理论。郑樵从自身的实践中总结了目录编制的某些基本理论，提出了“编次必谨类例论”“编书必究本末论”“编次必记亡书论”“泛释无义论”“著者姓名注于书下论”“编书必存图谱论”等原则，其中一些不乏为现代目录编制所采纳的。

（4）关于编目人选的理论。郑樵总结历代书目编制的经验，提出在编制书目中，编目人员遴选的标准应当“随其学术所长者而授之，不能夺人所能而强人所不及”，并应专职久任，一以贯之。清代开馆修书，学者如云，各用所长，乃纂修出《四库全书》，也足见理论的影响。

郑樵对中国目录学创造性地提出许多前人没有提出或明确提出的理论，并较为系统地整理著成专著，这极大地丰富了古典目录学宝库，使我国目录学提升到理性化阶段。

二、版本目录的创设

宋代目录学的另一显著进步是开始对图书版本的研究、著录，这是与宋代刻书事业的发达分不开的。宋代的刻书机构中，官刻有国子监、崇文院、秘书监、司天监等，地方官刻机构据叶德辉《书林清话》载，有名的公使库本多十余处，还有地方各类官署如茶盐司、漕司、转运司以及各州学、郡学、县学、书院都有刻书；坊刻在这一时期也发展迅速，以建安余氏和监安陈氏最为著名；此外，还有私人出资刻书，宋代的刻书可谓星罗棋布，浸漫全国，这一切都繁荣了宋代图书事业。但这些刻本质量参差，良莠并存，特别是文字内容差讹甚多，贻误后学，致陆放翁叹曰："近世士大夫所至，喜刻书而略不校嫌，错本散满天下"。随着这种情况的出现，人们越来越重视对于一本书各种不同版本的比较，出现了著录图书版本的书目。

在北宋时，已有版本目录的萌芽。但一般认为南宋尤袤的《遂初堂书目》是图书版本的滥觞。

尤氏著录版本有较科学的标准，或以时代、刻书地域，或以刻书机构、刻版行款、国别区分，往往是"一书而兼数本"。《遂初堂书目》把一种书的多种版本作为著录专项，开版本目录专著之先例。

稍后于尤氏书目的《直斋书录解题》，也有关于各书版本的著录，但历来被许多学者忽视。陈氏书目中的解题有部分关于版本著录的，它或涉及出版年、出版地、出版人，如《孝经注》一卷的著录："世少有其本，乾道中，熊克子复从袁枢机仲得之，刻于京口学宫”；或述版本来历、装潢、字体、印记等，如《春秋经》著“每事一行，广德军所刊，古监本也”。陈氏书目中记录版本还有一个特色，是他不仅注重刻本、印本，而且对拓本也非常重视。

由此种种可见，宋代版本目录内容详实，条分缕析，叙述简洁，著录完备，可谓撰写版本目录所遵循的圭臬。

第三节 专科目录飞跃式发展

陈寅恪先生曾曰：“华夏民族之文化，历数千载之演进，造极于赵宋之世。”① 邓广铭先生也曾这样评价宋代文化：“两宋时代的物质文明和精神文明所达到的高度，在整个封建社会历史时期之内，可以说是空前绝后的。”② 可以说，宋代的学术文化水平达到了我国封建社会的顶峰。在深厚的学术文化土壤滋养下，中国古典目录学在宋代也迎来了它发展史上的一个崭新时期，编目理论和实践有了长足进步，其中专科目录学有了飞跃式发展，新的目录种类相继出现，并在分类和著录方法上产生了众多创新，使得宋代成为我国专科目录发展史上的一个重要时期。

一、新的专科目录种类

在宋代之前，佛道、经史、文学、书画目录已经存在。宋代产

① 陈寅恪．邓广铭《宋史职官志》考证序．金明馆丛稿二编．上海：上海古籍出版社，1980 245

② 邓广铭．谈谈有关宋史研究的几个问题．社会科学战线，1986（2）138

生了新的目录种类：金石目录和子学目录。

1. 金石目录

金石最早出现在三代之间，秦汉之前有金而无石，秦汉以后，石多而金少。自汉代以来，历代学者皆十分重视利用古代金石器物证经补史。但宋代之前金石图籍没有专门的书录，往往著录于综合书目的小学类或史学类中，如《汉志》在“六艺”类下“春秋”种中著录有“奏事二十篇”，其小注曰：“秦时大臣奏事及刻石名山文也”①。《隋志》在“经部”的“小学”类中著录有秦始皇刻石一种（《秦皇东巡会稽刻石文》一卷）、石经十一种（《一字石经周易》《一字石经尚书》……《三字石经春秋》②）。到了宋代，金石出土日多，且受到了学者的日益重视，被用来厘定礼制，考释史实。金石学家刘敞在《先秦古器图》中曾曰：“终此意者，礼家明其制度，小学正其文字，谱牒次其世谥，乃为能尽之。”③ 同时，宋代理学发达，疑古疑经的思潮及重新解经的学风很盛，陆游曾云：“唐及国初，学者不敢议孔安国、郑康成，况圣人乎？自庆历后，诸儒发明经旨非前人所及，然排《系辞》，毁《周礼》，疑《孟子》讥《书》之《胤征》《顾命》黜《诗》之序，不难于议经，况传注乎？”④ 再者，宋代文人综合学养普遍深厚，富有收集研究金石的风雅爱好，同时他们拥有较高的政治经济地位，有条件和能力收集金石器物。所以搜罗研究金石器物在宋代成一时之风气，如欧阳修、苏轼、王安石等学问大家一直对金石收集、研究保持着浓厚兴趣，他们同气

---

① 班固. 汉书（卷30）. 北京：中华书局，1962
② 魏征等. 隋书（卷32）. 北京：中华书局，1973
③ 刘敞（宋）. 是集卷（36）.《丛书集成初编》本
④ 王应麟. 困学纪闻（卷8）北京：商务印书馆，1959

相求，互相协作，积累了大量金石拓片，其中一些人已开始有意识地整理编目，并用跋文形式考释文字、校补史籍。在这样的社会文化气氛中，金石目录开始萌生，其开山之作为欧阳修的《集古录跋》。

欧阳修《集古录跋尾》收集所见自上古至宋的金石碑刻铭文真迹拓本，并装裱成轴，卷轴上自作跋尾，拓本在前，跋尾在后，跋尾是随题随录，无一定次序。《集古录跋尾》共992卷，其数量为“四百二十篇。”①《集古录跋尾》以朝代和金石碑名为标目，以年代和立碑铭时间为注，以跋文为提要。跋文内容十分丰富，有对撰人及刻碑者、碑主生平、碑刻现存面貌的介绍，有对碑文内容、碑刻出土过程的介绍，有对史籍、文字的校释，作用等于或者说超出了传统目录中提要、大小叙文的功用。《集古录跋尾》的出现使中国金石器物第一次有了一个大汇总，它上起西周下至唐，集古今金石大成。朱熹曾云：“集录金石，千古初无，盖自欧阳公始。”② 在欧阳修之后，金石研究者日多，呈一时之风气，蔡絛在《铁围山丛谈》中谓：“文忠公喜集往古石亥刻遂又著书名《集古录》咸载原父所得古器铭款，繇是学士大夫雅多好之，此风遂一煽也。”③

除了《集古录跋尾》之外，代表宋代金石目录成就的另一部金石书录为赵明诚的《金石录》。赵氏《金石录》在吸收和继承《集古录跋尾》内容和体例的基础上，将自己所藏三代彝器及汉唐至五代石刻拓片二千件，依次编目，成书30卷。此书是一部集编目、考

① 陈尚君．欧阳修著述考．复旦学报（社会科学版）1985（3）171
② 朱熹．朱公文集（卷八二）四部丛刊本
③ 蔡絛．冯惠民、沈锡麟点校．铁围山丛谈（卷四）北京：中华书局，1997

证与研究的金石专著，它著录金石刻辞一千卷，超过《集古录跋尾》一倍，仅以跋尾而言，就比《集古录跋尾》多出近百条，而且它克服了《集古录跋尾》胺收到铭文的年代先后为序、排列较为杂乱的缺点，其目和跋均按照立碑刻石的时间先后排列，十分整齐，便于检索。同时，此目更具有以金石铭刻证史的特点，正如其序文所谓："岁月、地理、官爵、世次，以金石考之，其抵牾十常三四。盖史牒出于后人之手，不能无失，而刻词当时所立，可信不疑。"① 此目进一步补充、校订了《集古录跋尾》在考释经史中所存在的一些缺漏、讹谬，学术质量比《集古录跋尾》有了明显进步。

欧、赵目录辑录了所见自上古至宋的金石碑刻铭文，一一拓片录之，录后撰有跋文记述其发掘流转过程、金石原貌状况及铭文大意，其中用铭文论证史籍缺漏讹误，兼考前代社会典章、政治、人事。两目为金石目录的奠基之作，在目录学上基本厘定了金石著录的体系和内容，后代的金石学目录大多依此为范本进行编纂，同时其跋文校补史籍、考证史实，赋予了中国金石目录一个优秀的编撰传统，开启了后世王国维"二重证据法"之先河。欧、赵金石目录不但是我国金石目录的开源之作，同时也催生了我国金石学的产生，它们的出现丰富了我国传统专科目录学的种类，也扩大了我国传统文化的内涵。

2. 子学目录

除金石目录外，宋代还出现了另一种新的专科目录，即子学目录。诸子百家出现于战国时期，长期以来，子学典籍一直著录在综合目录之中，《七略》《汉志》在"诸子略"中著录子学书籍，《七

① 金文明．金石录校证（序）．南宁：广西师范大学出版社，2005

志》列“诸子志”收录子学书目，《七录》把“诸子志”合并入“子兵录”收录子书，《隋书·经籍志》以至到《四库全书总目》在总目中设“子部”收录子书，直到宋代子学方有了自己的专科书目。宋人有着浓重的疑经探究精神，对经学和诸子思想有着广泛的研究，整理研究子学典籍为一时之风，在浓重的子学研究氛围下，子学专科目录开始萌芽，发轫之作为高似孙的《子略》。

《子略》包括正文4卷和《子略目》1卷。《子略》正文4卷著录诸子书共38篇，其中《说苑》《新序》合为1篇，而《八阵图》附于《握奇经》实际上共36篇。36篇典籍以各家名字为标目，各篇之下均有叙录，叙录内容十分丰富，或叙述此家思想主旨、学术源流，或表述高氏自己的学术观点，同时还著录了以往学者对此家的评论资料。个别篇目著录时在叙录之前首先列出了有关此篇的各家注书、序文、题诗的资料名录，其中包括书籍之名、注家之名 、卷数 、题诗内容等 。如阴符经篇下 ，首列36家注书 、序文之名录(如太公等注十七家一卷 ；李荃注一卷，阴符经序一卷，阴符经解题一卷等)[①]，次列2家题诗（陆龟蒙 读阴符 经诗，皮日休读阴符经诗)[②]，最后撰写叙录，叙述了阴符经主旨思想、版本流传等 。《子略》正文4卷36家除阴符经 、握奇经有原文著录外（此两书似乎为“后人删节之本 ，未必完书也”)[③]，其他都不录原文。

《子略目》一卷著录了《汉志》《隋志》《唐志》及庚仲容《子钞》、马总《意林》、郑樵《通志·艺文略》中的诸子书籍，当然并

① 高似孙．张艳云，杨朝霞校点．子略（卷一）沈阳：辽宁教育出版社，1998
② 永瑢等．四库全书总目（卷八五）．北京：中华书局，1983
③ 永瑢等．四库全书总目（卷八五）．北京：中华书局，1983

非照原书抄录，而是择要录之。著录时削其原属门类，存其书名，在书名下注撰人、篇数、存亡状况及撰人的简单小传，如果一书有诸家注者，则将注家用小字附列在后面，后世学者的一些考证亦择要附录其中。

《子略》辑录众家书录而成，收录了大量珍贵史籍材料。《四库提要》卷八五《子略》提要曾云：所见之本犹近古，终非焦竑经籍志之流辗转礱构虚词者比，故录而存之，备考证焉。"① 又云："马端临通考多引之（《子略》）亦颇有所考证发明。"② 马氏征引《子略》竟达25处，可见此目所存资料之丰。同时，《子略》在编撰中非常注重对学术源流的探讨，《子略序》曾云："系以诸子之学，必有因其学而决其传，存其流而辨其术者，斯可以通名家，究指归矣。"③《子略》叙录"辨章学术，考镜源流"，有很高的学术史意义，为以后子学目录的编撰树立了一个良好的传统，再者，高似孙学问渊博，有很深的考辨功力，《子略》中保存了一些重要的文献学成果，如《六韬》一书高似孙认为不伪，而自陈振孙后许多学者均认为是伪作，然1973年出土的银雀山汉简有《六韬》一书，证实了高氏之说。作为开新之作的《子略》极大地丰富了我国专科目录的内容种类，也对我国古代思想史的研究做出了贡献。

二、传统专科目录在体例和著录内容中丰富发展

宋代除了开启金石、子学等新专科目录门类之外，文学、佛学、

① 永瑢等．四库全书总目（卷八五）．北京：中华书局，1983

② 永瑢等．四库全书总目（卷八五）．北京：中华书局，1983

③ 高似孙．张艳云，杨朝霞校点．子略（卷一）沈阳：辽宁教育出版社，1998

史学等传统的专科目录在体例和著录方法上都产生了新变化，取得了新成果。

1. 专题文学书目的大发展

魏晋之前没有文学书目，文学典籍著录于综合书目之中。宋明帝刘彧的《晋江左文章志》、丘渊之的《晋义熙以来新集目录》、齐梁间沈约的《宋世文章志》等，这些书目收录著名文人作品的篇目，同时传记作者、批评文风。宋代专题文学书目有了较大发展，收录内容较之唐代有了大的增加，且出现了解题，著名的有沈建的《乐府诗目录》和郭茂倩的《乐府诗集・目录》其中郭录是古今收录乐府诗最完备的一部总集目录，每一曲调前有解题以阐明该曲调的来龙去脉，保存了大量文学史料。同时宋代的文学书目中出现了新的子类，即作家年谱。吕大防的《杜工部年谱》为我国文学书目中第一个文人年谱，此谱将杜甫的事迹、作品按年排列、编制，虽非常简疏，仅四十余行，且诗详事略，但开启了作家诗文编年的先河。吕大防的另一部文人年谱《韩吏部文公集年谱》在体例上有新的开拓，《韩吏部文公集年谱》依照《杜工部年谱》而作，该谱中校正了旧版韩愈诗文编排的错讹，不但有目录之功用，亦具有学术考证的意义。文人年谱的出现厘清了作家创作轨迹，便于知人论世，更深入地理解作品思想风格，之后，为作家作谱成一时之风尚，成为文学目录的重要组成部分和文史研究中的重要依据。

2. 译经事业的新发展

宋代译经事业在五代之停顿后继续发展，新译经典的不断增多催生了众多译经目录产生，且自开宝四年《开宝藏》雕刻之后，大藏屡次刊刻，内容亦不断扩充，对大藏书录的需求开始增加。在此背景下，佛教经录的编撰有了较大的发展，其中，在著录方法和体例上有较大创新的有《祥符法宝录》《大藏经纲目指要录》和《大藏圣教法宝标目》。

《祥符法宝录》为北宋真宗时兵部侍郎、译经润文官赵安仁奉敕编修，此录共22卷，著录了太平兴国七年到祥符四年（982—1011）所出译经共222部、413卷，另收录东土佛学著撰11部、160卷。前21卷为别录，最后一卷为总录，总录括聚群经，按照大乘经律论、小乘经律和圣贤集传翻译著撰，分类编录新收的入藏经[①]。别录中的现存内容主要集中在卷三至卷十六的《藏乘区别年代指明》中和卷十七至卷二十的《圣贤集传翻译著撰》（包括《西方圣贤集传》和《东土圣贤著撰》）中。《藏乘区别年代指明》按照译出佛典各次进经的年月次序排列著录佛典，以“某何年何月译出佛经几卷”为标目，之后分部著录经名、卷数、此部经应入的乘藏及各卷经义大致内容，最后介绍此次译经的译人、正义、笔受、缀文、润文、监译者的姓名、经籍上进经过、赏赐情况及进表及诏论内容。《圣贤集传翻译著撰》中《西方圣贤集传》的收录经律论以外的颂赞，按卷有经义概述，之后有翻译年月，《东土圣贤著撰》著录宋初东土所著佛论，每部后有内容介绍。

《祥符法宝录》是现存我国第一部佛经断代译经录，首创了佛录集目录与内容解题为一书的先例，同时它在题录中保存了大量宋代译经场院的情况为我们研究佛经翻译史提供了第一手资料。

《大藏经纲目指要录》为北宋徽宗崇宁三年云门宗禅师惟白所撰此目共8卷，收录佛典1050部，480函，五千余卷，卷首无题记，

---

① 陈士强．佛典精解．上海：上海古籍出版社，1992 106

卷末有《大藏经纲目指要五利五报》叙述编纂始末。该目基本依《开元录》的内容、次序进行著录，在卷八《圣贤传记》中新收录有四部唐代及当代的佛学著作，为唐金陵沙门惠炬的《宝林传》十卷、道原《景德传灯录》30卷、遵勖《天圣广灯录》30卷、惟白《建中靖国续灯录》30卷。该目著录顺序为：顺序号、经名、卷数，每10第卷为一函，每函用“千字文”字标识，除内容重复外，每一卷后均有解题，同本异译亦分别叙述大意，解题指出了该卷经文的内容要点、经义渊源，在大部佛典的末尾有总括语句，说明该经的大意和重要性。

开宝四年（971）宋太祖诏敕在益州开雕大藏经，即《开宝藏》此为第一部官刻大藏经，后屡次刻印，内容不断增多，仁宗天圣二年尊式撰《教藏随函录》叙大藏诸部著作大义，为第一部刻本大藏经目录，惜已佚，面貌不可见。《大藏经纲目指要录》即为现存最早的大藏经解题经录，此录提要十分详细，是佛录中解题最为详细的一部是翻检、研习部帙浩繁的大藏经不可缺少的工具，同时此录卷八附有惟白所撰《禅教五派宗源述》阐述了禅、贤首、南山、天台、慈恩五大流派的发展源流和禅教合一的宗教思想，对佛教史研究有较大的帮助。

宋代新专目种类的出现和传统专目在编目体例上的创新大大推进了我国专科目录学的发展，也促进了一些新学科的萌生和传统学科的发展。各富特色的宋代专目不但保存了大量史料，成为我们研究宋代文化、经济的重要文本依据，也奠定了宋代专科目录学在传统目录学发展史上的重要地位。

第四节　目录著录的细化、专业化

宋代学术思想相对自由，实行较开放的文化政策，客观上为文化的进一步繁荣创造了条件，其目录学理论独具特色，目录工作细化、专业化。

一、凸显了专科目录的历史性特征

宋代是史学大盛时代，陈寅恪先生曾经说："中国史学莫盛于宋。"① 不论是官修史书还是私人修史的数量都很大，《四库》中宋代学者编撰的史书占其总数的四分之一，史家有一百三十余人。同时宋代史籍体例空前丰富，新体裁先后创立，如断代的《通鉴》、纪事本末体、长编体等。同时宋代读史、研史风气浓厚，史论著作大量出现，在浓厚史学氛围下，史学专目的编撰有了新的进展，其中体例创新成就最大的为高似孙的《史略》。

《史略》6 卷，分卷著录了唐以前六百多种史学著作，卷一为《史记》；卷二著录《汉书》及以后的纪传体正史，一直到《唐书》，其中《五代史》卷一、卷二每部史书后各附有关史注、杂传、史考、别史等著述；卷三著录《东观汉记》《历代春秋》《历代纪传》及实录、起居注、时政记等编年史，还附带有一些会要和玉牒，这些子目多为高似孙所首创；卷四著录史典、史表、史略、史钞和《资治

① 陈寅恪．陈垣《明季滇黔佛教考》序．金明馆丛稿二编．上海：上海古籍出版社，1980 272

通鉴》；卷五著录霸史、杂史、《七略》中的古史以及历代藏书情况和史官姓名以及刘勰《文心雕龙》里的《史传》篇；卷六著录《山海经》《世本》等古籍。

《史略》作为一部史籍专科目录，首先，在分类上打破了《隋志》史部十三子目的分类体系，按照史书的时代先后和体例特点分类排序，开创了新的历史著录方法。其次，它首创史籍分类子目如史典、史类、史草、史略、史例、史评、史钞、史目等，并将它们与正史大目并列，其中一些分类小目被后世史家所用，如《宋史·艺文志》使用了史钞、史目类，《明史·艺文志》使用了史评、史赞类。再次，开创了史籍书录中的“辑录体”先河，在著录中除记录书名、卷数和撰人外，还辑录了众多史书的原文、前代学人的评论以及高氏自己的观点等，成为一部独特的汇考式解题目录，极大地丰富了传统史目的提要内容，保存了大量史籍材料。第四，该目非常注重对书籍版本的叙述考证，赋予了史学专目浓厚的学术研究特色。

二、创新了诗文、书、画的著录方法

除了金石、子学、文学、史学、佛籍目录外，宋代的诗文、书学、画学等专目在著录方法、分类体系和收录范围等方面也都有不同程度的创新。

这时期内，专科目录的一个新品种是个人诗文著作系年目录的出现。宋人始撰的年谱本来就是谱系诗文的著作年月，帮助读者阅读名家诗文集的，后来才偏重在个人事迹方面。

在当时，如杜诗、韩文和北宋著名文学家的诗文集都是读书人所普遍学习阅读的，在学习阅读的需要上产出了这一类的年谱。吕大防早在1084年撰成《杜工部年谱》一卷（疑原名应为《杜工部草堂诗年谱》一卷）、《韩吏部文公集年谱》一卷，他自记说："予苦韩文杜诗之多误，既雠正之，又各为年谱以次第其出处之岁月，而略见其为文之时，则其歌时伤世，幽忧窃叹之意，粲然可观。又得以考其辞力：少而锐，壮而健，老而严，非妙于文章不足以至此。"（宋文安礼的《柳文年谱》后序也说"庶可知其出处与夫作文之岁月，得以究其辞力之如何也"。）这把诗文系年目录的作意和作用说得非常明白，也非常正确。宋代以后的年谱、专谱、个人事迹，另称诗文系年为目录，这是我们学目录学的人应该知道的。

书、画方面，如《宣和画谱》专收宫廷藏画，每个画科均有叙论述其源流发展，并对每位画家生平、画艺进行详细记叙和客观批评，极大地赋予了画学专目的学术史意义和价值，同时该目以儒家经典为据阐明了绘画应有的社会地位，打破了中国传统中将书画定义为小道的偏见，提高了书画家和书画作品在社会中的地位；再者，它置墨竹专类，大大提高了文人画的价值。再如邓椿的《画继》，该目不但记录了大量宋代画家的生平、作品，还对当时画风、众画家的绘画实践、旨趣及绘画理论以及画家奇闻逸事作以记载，并开创了综合利用前人诗文、笔记等多方面资料编写画目的先例。

三、开启了人名篇名的索引

如果说文章志是为了介绍别集，而唐宋时代为帮助读者检阅总集编制出了另一类的目录，如常宝鼎的《文选著作人名目》三卷，是为检阅《昭明文选》；尹植的《文枢秘要》七卷，是为检阅《文思博要》《艺文类聚》，这种为检阅总集而编制的篇名和撰人索引，后来越为多。

宋秘书省《续四库书目》中著录了几十种，更有人把这些目录汇编起来，就成为《群书备检》一类的工具书。陈振孙说"《群书备检》皆经史子集目录"，把通用的四部书的重要目录汇编起来，所起的篇目检查作用也就更大。

这种人名篇名的索引对历史书籍的特征来说更适用一些，所起的作用更大一些，也就是说这一类的索引目录在史学领域内比文学更为需要。所以自从裴松之开始了《史目》以后，到唐宋时代历史书籍进一步发展起来的时候，史目索引也就随着发展起来。

在唐宋时代有了《史目》一类的目录，又有了按韵排列的姓氏书（如林宝的《元和姓纂》）和按韵编排的传记书（如《讳行录》是四声编登科进士，见《困学纪闻》卷十四，《玉海》卷一一五），则把人名索引应用到历史专书上去，作为一部书的人名索引和附录也就是很自然的事了。《直斋书录解题》卷七有"《中兴登科小录》三卷，《姓类》一卷"，什么是"姓类"呢？陈振孙解释说："以韵类其姓，凡一万五千八百人有奇。"这说明《姓类》就是《中兴登科小录》的人名索引了。《直斋书录解题》卷八又有"《天下郡望氏族谱》一卷，唐李林甫等天宝八年（749）所纂，并附五音于后"，"五音"也必然是五音类其姓，也就是这部氏族谱所附的姓氏索引。自从隋陆法言等撰定了切韵，唐宋的索引多按五音（或称四声）排列，据我国史目和编韵的发展来推论，说第八九世纪的时候，我国某些历史书籍已经有了附录的人名索引，不是不可能的。